成长也是一种美好

学术写作五步法

如何从零完成高质量论文

王树义 著

人民邮电出版社
北京

图书在版编目（CIP）数据

学术写作五步法：如何从零完成高质量论文 / 王树义著. -- 北京 : 人民邮电出版社, 2023.6
ISBN 978-7-115-61555-8

Ⅰ. ①学… Ⅱ. ①王… Ⅲ. ①论文—写作 Ⅳ. ①H152.3

中国国家版本馆CIP数据核字(2023)第058423号

◆ 著　王树义
责任编辑　张渝涓
责任印制　周昇亮
◆ 人民邮电出版社出版发行　　北京市丰台区成寿寺路 11 号
邮编　100164　　电子邮件　315@ptpress.com.cn
网址　https://www.ptpress.com.cn
天津千鹤文化传播有限公司印刷
◆ 开本：880×1230　1/32
印张：9　　2023 年 6 月第 1 版
字数：200 千字　　2023 年 6 月天津第 1 次印刷

定价：59.80 元

读者服务热线：（010）81055522　印装质量热线：（010）81055316
反盗版热线：（010）81055315
广告经营许可证：京东市监广登字 20170147 号

前言

一提起搞科研，我们脑海中就会浮现如下场景：一位和蔼可亲的老教授在实验室里给学生传授知识，讲解问题的根源，与一众年轻人一起攀登科学的高峰。

在现实中，这样的场景虽然存在，比例却没有你想象得那么高；更普遍的场景是，高年级的本科生需要写毕业论文，低年级的研究生需要找准自己的研究方向。然而，在最需要导师的点拨和支持时，他们的选择往往是躲着导师。

你没看错，就是“躲着”。能不见导师最好，即使见面，他们也恨不得自己是“隐形人”，导师不问研究进度，他们绝不主动汇报。即便导师问了研究进度，他们也只是说没有问题、一切顺利。

他们往往把任务拖延到最后一刻，因此只能马虎潦草地应付，甚至在实在“装”不下去时，才只好承认自己的研究有问题。此时，时间已耗尽，等待他们的只有批评甚至延期毕业等严重的后果。

究竟发生了什么？

为什么科研初学者容易放弃

大部分旁观者会认为这都是因为这些学生懒惰、不靠谱。

但其实，这只是一方面的原因。人类如果没有懒惰这一弱点，就不会创造出那么多便利的工具，那么人类今天可能还在非常“踏实”地钻木取火。

我认为更重要的原因是，现实情况跟学生的自我认知产生了抵触。学生心里的自我定位通常很高：“我是个大学生（研究生）；我很聪明，很多东西我一学就会；遇到任何问题，只要我一出手，就一定能高效解决。”塑造一个良好的自我形象是好事，但是一旦它与现实情况产生抵触，结果就会很糟糕。

科研任务会让很多人的自我形象突然变成镜花水月。他们原本以为写一篇 1 万字左右的学术论文不是什么难事，毕竟从中学开始，800~1000 字的大作文一般都被要求在 1 小时以内完成。这样算来，一篇 1 万字的学术论文，无非 10 小时左右就能完成。他们理所当然地认为："假如我有半个月的时间来完成这篇论文，那么我每天需要投入的工作时间不到 1 小时。"

然而，一旦写起来，他们才发现：怎么这么麻烦啊？

* 为什么要看这么多文献？怎么还要总结别人的研究？文献都看不完，何谈总结？
* 为什么研究题目不是现成的？要从哪里找题目？
* 怎么要做这么多实验？为什么还有可能得不到我想要的实验结果？
* 这么多数据，用什么工具分析啊？怎么别人的分析结果是显著，我的就是不显著？
* 写作让我好头疼，一会儿格式乱了，一会儿忘了保存。照现在每天也就写一两百字的速度，这一万字什么时候能写完？

…………

对于很多科研初学者来说，他们最根本的问题就是缺乏一套系统的学术研究方法。让他们开始做研究，写长篇论文，就如同把一个刚学会踢正步的新兵直接推上硝烟弥漫的战场。

二者的不同点在于，新兵知道自己不行，还能达到认知与行为的协调；而科研初学者却信心满满，几经挫折就迅速完成“从入门到放弃”的全流程。这之后，他们基本上就处于自暴自弃的状态了。也因此，他们见到导师既觉得羞愧，又感到压力巨大，于是只好躲着导师。

入门学术写作的软技能

躲着，拖着，解决不了问题。

导师无法了解你的情况，便没有办法为你提供有效的指导和帮助，如此就容易形成恶性循环。

我一直在想，怎么打破这种恶性循环呢？

方法其实也简单，就是帮助科研初学者补充一系列的基础知识，包括但不限于如下内容。

* 如何联系导师？
* 为什么要提升英语水平？
* 如何选题并且和导师沟通？
* 如何梳理与研究文献？
* 怎么准备开题？

* 如何读论文?
* 如何写初稿?
* 如何对稿件进行修改和自检?
* 如何准备答辩?

这些基础问题，你可能都思考过，却没能从自己学过的课程里找到好的解决方法。你不好意思问同学，觉得这些问题太基础，别人都懂，自己问出来没面子；又不好意思问导师，怕导师会因此觉得你基础太差，对你的评价不高。

有的同学此时就选择上网去问，最后得到一大堆质量参差不齐的答案。这些答案反而让人头晕、不知所措。被错误信息误导的人可能就被引上歧途，甚至有可能走上学术腐败的不归路。

作为一名研究生导师和本科毕业论文指导教师，多年的工作经验让我了解到自己学生的诸多困惑。于是，我开始通过写文章来给他们补充这些基础知识，也收获了令人较为满意的结果。但是，文章毕竟是零散的，每一篇文章都在试图解决一个问题，不够系统化。因此我整理了自己多年来撰写的研究方法与工具教程，并加入了自己最新的思考和心得，力图为你提供一个系统的解决方案。

具体来讲，本书的内容包括以下 6 个部分。

- 入门篇

科研活动需要好的指引，所以你首先应该找一位合适的导师。联系导师是你步入科研领域的第一步，千万不要轻视。《给导师写自荐信的 5 个建议》一文，对写自荐信这个环节里学生们最常犯的错误一一进行了介绍，同时我会站在导师的角度，让你了解导师真正关心的是什么，到底在自荐信里写什么内容才能让导师有好感。不过一定要注意，如果你自荐成功，就要珍惜成果，导师真的不是用来“躲”的。

另外，在《对于科研人来说，英语该不该花力气学》一文中，我还谈到了初入科研领域时英语的重要性。阅读英语材料十分重要，千万不要怕麻烦、怕难，要多练习英语。文中推荐了我自己尝试后觉得可行的英语能力提升路径。不要满足于“知道”这些道理，而要尽早开始提升英语能力，“勤学如春起之苗，不见其增日有所长”。等到你在科研工作中真的需要用英语时，临时学习往往就来不及了。

- 选题篇

写论文最重要的工作，莫过于选题。有的导师说，选题成功，论文就成功了一多半。我深以为然。在《找到科研选题的 5 种办法》一文中，我为你详细列举了科研选题的六大导向，并且告诉你其中哪些才是真正可以使用的。这篇文章是我 2017 年夏天参加哈尔滨工业大学的“大数据与商务分析”暑期学校，与多位国际一流学者深入问答与交流后的感悟。能把这些权威学者的宝贵经验分享给你，这让我很兴奋。

不过有的同学觉得，自己和这些学术权威相去甚远，即使借鉴人家的经验，也会感到吃力。为此，我专门为你补充了《有效扩展选题思路的两个办法》一文，站在普通科研初学者的角度讲解如何利用好直接经验和间接经验，为选题提供思路。

作为初学者，在导师的帮助下选好了题目，并非完事大吉。你需要该领域的专家来帮助你验证它。验证的过程叫作开题。这是一次难得的获得外部反馈的机会。对于这一部分，我用《4 个让你的开题报告不通过的原因》一文来讲解。文章题目看着让人觉得很惊悚，但这篇文章的目的不是引发焦虑，而是让你自行对照检查，看自己的开题报告是否合格。

- 文献篇

做研究写论文，免不了要和文献打交道。有的同学刚开始读文献，喜欢逐字逐句阅读，这种方法效率很低。想不想知道领域专家是怎么提升文献阅读速度的？在《高效阅读论文的流程》一文里，我为你介绍了卡尔教授的文献高效阅读心法，教你用最短的时间把握文献的重点，做出取舍。

读文献的时候，难免遇到不明白的问题。你不可能每遇到一个问题，就给导师打电话寻求解答。能自己找到足够高效、准确的解决问题的方法，非常重要。在《文献读不懂怎么办》一文中，我给你推荐了几个窍门，帮助你快速解决读文献过程中遇到的难以理解的问题。

即便提高了文献阅读的效率，你也不应该对所有文献都一视同仁。科研文献，即便是经过同行评议发表的文献，重要程度不一，质量也参差不齐。你的信息输出质量，很大程度上取决于你的信息输入质量。你要读好的研究成果，方能站在巨人的肩膀上。所以，选择与研究主题紧密相关的重要文献来阅读，是非常重要的。可是文献浩如烟海，你如何才能快速高效地找到自己感兴趣并且质量好的文献呢？咱们要借助技术进步带来的力量。《如何用技术手段辅助你的文献阅读》一文，从领域扫描、文献推荐、文献管理和概念释义这些阅读文献的基本需求出发，为你简要介绍了几款优秀的辅助工具。相信善用这些工具，你就可以提高阅读文献的效率。

- 写作篇

做完了研究，你就可以进入论文写作阶段了。很多同学的做法是，打开一个空白的 Word 文档，写下几行文字，然后觉得不妥，反复修改，精雕细琢。这是非常不可取的。写作初稿一定要挥笔而就，一气呵成。《快速完成论文初稿的最佳实践》一文可助你用一个周末把论文框架和初稿敲定。你要先从心态上占据有利位置，正所谓“立于不败，而后求胜”。

一写长文章，有些同学就感到压力十足，每每念及字数，甚至畏难到无法下笔。为帮助这些同学，我写了《用卡片笔记写作法完成论文》一文。针对上面这些问题，我在文中都给出了对策。

为了帮助第一次接触学术论文写作的你扫除焦虑感，我还专门写了一个特别简化过的实证研究论文模板。《毕业论文写作简明样例》一文为你的论文写作提供了详细的样例，并且对关键处（容易掉入的“坑”）做了直白的解释说明。

论文写作过程中有一些容易忽视的问题，我用列清单的方式列了出来。在正式撰写前，建议你先认真阅读《论文写作时容易被忽视的 4 个内容》一文。

完成初稿修改后，有些同学就立即兴冲冲地准备提交了。且慢，在把论文交给导师前，你需要进行一遍自检，因为如果导师看到的初稿包含“基础技术性”问题，恐怕心情不会很愉快，连带着你的心情也会变得糟糕。我把这些自检项目列了个清单，放在了《正式提交论文前的 7 个自检问题》一文中，你一定要认真对照检查。

《用最新的 AI 技术辅助写作》一文将为你介绍截至本书出版时最前沿的人工智能辅助写作方案。通过展示 ChatGPT 在查询术语、整理文稿和补充例证方面的应用，为你揭示 AI 技术在提高写作效率和质量层面的巨大潜力。用好 ChatGPT，你可以更轻松地完成写作任务，探索新的观点和灵感，从而完成更高层次的创作。不过 AI 辅助写作并非完美无缺，在这篇文章中，我会为你揭示它可能存在的生成信息不准确等问题。希望你在使用时能扬长避短，充分发挥 ChatGPT 的效能，同时避开潜在的问题与挑战。

• 答辩篇

毕业论文写完了，修改后也获得了导师的肯定，下一步你就要面对答辩了。这一篇我们主要介绍 3 方面的内容：为什么要重视答辩？如何准备 PPT ？答辩时该如何表现？

许多同学根本不知道如何制作合格的 PPT，把论文内容原模原样复制到 PPT 里就直接去了答辩现场。这样做的后果是很惨烈的。因此，参加答辩之前，请你认真阅读《高效制作毕业答辩 PPT 的 3 个环节》。如果你不折不扣地按照其中的方法来做，我不敢保证你的答辩成绩能提升多少，但是肯定能帮你避开终生难忘的大“坑”，要是再能为你的大学生活尾章留下美好的记忆，我会更开心。

不要急着放松，你知不知道答辩时应遵守的一个重要原则呢？

我见过很多认真写论文，也精心准备了 PPT 的同学，最后因为忽视了这个原则，论文分数大幅降低，甚至和答辩组老师发生冲突。我不希望你这样，所以《做好答辩的 5 个技巧》这篇文章，请你在答辩前夜一定要认真看一遍。

• 寄语篇

请注意，这本书绝对无法替代你的导师。不少读者读完我的文章后，直接留言问我他在医学领域的选题是否合适。不好意思，这一问题我无法解答。隔行如隔山，术业有专攻。

寄语篇中，我会着重讨论一个与此相关的重要而实际的话题——如何处理好和导师的关系，避免成为“野生”研究生。我们从新闻报道中看到了很多研究生与导师相处不够融洽，甚至最终发生不可挽回的悲剧的例子。希望这一部分的内容可以让你有效避免这些不愉快的发生，在研究生阶段过得更加充实和开心。

小结

有了这本书，你就可以一步步实践，从选题开始，善用合适的方法，最终完成一篇高质量的学术论文。我在书中为你提供了一系列的方法、流程和工具，还介绍了一些文献计量与 AI 科研辅助等前沿应用。它们可以帮助你在愉快的氛围中完成许多原本枯燥、耗时的重要工作。

通过阅读本书，你可以了解到什么知识和技能可以自己补充，什么问题需要请教导师解决。这样你就不用担心导师会对你提出的问题感到不耐烦了。而且，善用上述知识和技能，你还颇有可能获得导师的青睐。

总之，读了这本书，你很可能再也不必“躲”导师了，巨大的心理压力会消失，与导师的关系也会更为融洽。

目录

写作篇

答辩篇

寄语篇

学术写作五步法

如何从零完成高质量论文

入门篇

01

给导师写自荐信的 5 个建议

许多刚入学的研究生面临着一个重要问题——如何联系导师。

如果你懂得建立联系的重要性，就会提前着手写自荐信与导师沟通意向。毕竟，每个人的认知范围都有限。有时候抢占认知先机，在同等条件下，也许你就会优先获得导师的青睐。这种信件，我们把它叫作自荐信。

但是，你的自荐信写得足够好吗？如果不加注意，自荐信不但不能带来正向积极的效果，还有可能给你带来负面的影响。

我梳理了一些写自荐信的技法，这些技法不一定能让你脱颖而出，但至少可以帮你避开一些将来可能令你后悔不已的“坑”。

动笔前的准备工作

动笔前，你要明确写信的主旨，即希望对方考虑接纳自己。这里蕴含以下两条信息。

* 第一条是明显的，即你要传递信号给对方。
* 第二条是隐含的，即你愿意做对方的学生。

你大概率会注意第一条，这一内容后文会具体谈及，现在先谈谈很多人会忽视的第二条。

许多人在入学后，会群发式地投自荐信。这种行为类似于“一稿多投”，是很忌讳的。一稿多投你可能只会得罪一两家期刊，致使你今后不能再往那里投稿了。只要你拥有的专业期刊资源足够多，这个损失你兴许还能承受；但是群发自荐信给同一个系的导师，后果会更加严重，因为最终你只能选择跟一位导师。那么其他被你联系过，并且很热情地回复了你的导师呢？别忘了，今后在上课、开题、答辩时，你们总会碰面的。大部分导师都有容人之量，不会计较你的行为。然而你自己应该清楚，你给他们的第一印象就是“没有信用”，甚至会被上升到“人品问题”，后果比较严重。

所以，你不能采用广泛撒网的方式联系导师，而应该做好准备工作。

准备工作的第一步，就是搜集分析导师的信息，进行筛选。这些信息往往都可以在导师的个人主页上找到，院系的网站应该都有相关链接。其中的信息可能包含多种类型，但对你来说最重要的是他们在做什么样的研究。你可以把相关导师个人主页中列出的已发表论文一一下载，打开并认真阅读，不要嫌麻烦。这里不是让你完全看懂，而是至少要知道加入这位导师的课题组后，后面几年可能要做什么。如果你对该导师研究的内容根本提不起兴趣，那就赶紧了解下一位导师。这样，你就初步做出了筛选，把目标限定在了几位导师身上。

第二步是向前辈们取经。除非某位导师是第一年招生，否则课题组里总会有一些师兄师姐。你可以趁入学迎新和社团纳新等机会，主动寻找和接触他们，说说你自己的想法，听听他们的建议。

这时候注意“兼听则明”。有的导师指导学生讲究因材施教，对于不同的学生，要求的标准、会见的频率甚至指导的方法，都是完全不一样的。你要运用“小马过河”的经验，不能只问小松鼠，也要问问老水牛。这样做的另一个好处是，你大致可以了解将来跟了某位导师后，会和什么样的团队合作。这也是你单单在院系网站上看导师履历得不到的信息。

这些工作听起来麻烦，做起来琐碎，但是真的可以帮你避免在往后几年的煎熬与纠结。

展现自己的独特价值

现在你已经确定自荐信的写作对象是你愿意追随的导师了，但这只完成了准备工作的开始阶段。

你要明白，师生关系的建立，实则是一种信息匹配。二者的信息其实不对称，导师的信息你更容易查到，并且已经使用（如邮件地址），但是你的信息导师一般是不了解的。所以这时候，你就需要给导师提供自己足够多的背景信息。有的学生写自荐信时，甚至连简历都懒得放上去，这是绝对不行的。

可光有简历就足够了吗？当然不是。你需要传递有效信息，即你能够为科研团队提供什么样的独特价值。

每个人的家庭背景、资质、特长都不同，不能一概而论。就目前普遍的情况来看，研究生往往需要靠自己的劳动创造价值，所以你需要强调自己的独特性，尤其是对导师的整个课题组最有用的部分。

如果你的本科专业和研究生专业相同，那么导师培养你的成本相对较低。别人在研究生一年级时可能还在做一些科研准备，而你能直接做实验或做课题，导师自然会更愿意接受你。

但是你要明白，考上这个专业的研究生往往大部分是本专业的学生。因此，你必须拿出一些成果把自己和“背景人群”区分开，例如本科阶段发表的高水平论文、参加竞赛获得的奖项、校级乃至省级本科优秀毕业论文（或者优秀毕业设计）等。注意这些成果的取得应该有一定的难度，这样才能让你脱颖而出。

即便是跨专业考研，你仍有可能获得导师青睐，但是你需要找准相关的场景来谈。

例如导师要研究的问题涉及对很多数据的处理，而本专业的学生缺乏数据科学与计算机科学的知识与技能基础。这样导师如果只招本专业的学生，这些学生做起数据分析来就不是很得心应手。这时候，具有计算机科学、数学或统计学背景的你，价值就凸显了。你最好把自己的数据分析作品发给导师，让他确信你的加入可以帮助他大幅提升数据分析的速度和效率。

更好的方式是把你持续做的一个或一类项目的行为数据也分享给导师。这样对方更可以感知你不仅具备某些技能（例如编程或数据分析），而且愿意持续投入时间和精力，说明你对此很感兴趣。此时，如果你有 GitHub 等开源托管平台的项目更新记录，那你基本上不需要详细叙述，很多特质便一目了然。

假如你并没有上述技术优势，也不要紧。做研究都需要长期跟踪领域的前沿动态，英语能力也很重要。如果你是英语专业的，或者拿过某些英语竞赛的奖项，获得过标准化英语考试的优秀成绩，都可以拿来证明自己的潜在价值。

传递“安全”与“尊重”的信号

前面谈的是信号传递里面的“硬指标”，当然你也不能忽视软实力的重要性。所谓软实力，就是在自荐信里注重对方的感受。

导师接到信时，你对他来说只是个陌生人。陌生人靠什么引发对方的好感？其实无外乎让对方感受到以下两点。

* 安全感。
* 被尊重。

对于陌生人，我们都会有防范之心，这是演化带来的生存策略。如果要招学生，有经验的导师往往不会先想招了学生后会有多么大的好处，而是会尽量规避风险。

对导师来说，安全感的标准就是要招个“正常人”。此处的正常人并不是指在各方面都要达到量化标准水平，而是至少在思想上可以沟通，行为上符合正常的预期，不会出现下面这些情况。

* 突然失联，电话不接、微信消息不回，如人间蒸发一般。
* 因为被批评得重了些或因论文进展不顺而延期就陷入严重抑郁，甚至做出轻生等极端行为。

……

要求不高吧？

在新闻报道里面，科研工作总是充满了激情、荣耀和灵光一现的时刻，当你作为一名初学者踏入科研工作的门槛时，你才会发现，汗水、泪水甚至是血水都保证不了任何的成功。实验失败，投稿被拒，好不容易做出的成果被人抢先几天发表……这些都时有发生。

大多数时候，你其实是在日复一日的重复劳动中与挫折和失败打交道。在这种情形下，如果你随时都有失控的风险，导师的处境就很艰难了。

“我是安全的”这个信号怎么传递？在自荐信里声明自己不会做出上述行为？没用的。好在人的行为总会形成习惯，成为一种相对稳定的状态。因而，在自荐信中展现自己的以下特质可能会更好。

* 说明自己的爱好。一个对生活充满热爱，总能从业余活动中找到乐趣的人，往往不那么容易失控。如果你在兴趣爱好方面刚好跟导师很合拍，将来可以做棋友或者篮球场上的搭档，那就更好了。
* 讲讲自己人生中经历过的挫折，但要注意聚焦在自己是如何应对和做出调整的。你之前的成功经验，尤其是成功克服困难的经验，更有可能成为你未来成功的保障。

说完重要的“安全”，再谈谈“尊重”。

你可能会对这部分内容嗤之以鼻，觉得这是毫无信息含量的老生常谈。想必你在写信的时候也用了“您”这样的礼貌称谓，在写作过程中也注意了措辞，甚至还不失时机地夸奖了对方。

但是对于导师来说，上述技巧的效果基本上等于零，因为他不缺这些。你的尊重，没有表现到点上。

体现尊重的方法也很简单。在前面准备阶段的基础上，继续扩大阅读范围，把近 5 年一切与导师有关的信息都读一遍，这不仅包括论文、专利，也包含他的会议发言、讲座内容、演示内容、博客文章、直播视频、访谈录像、新闻报道等。顺便提一下，有些导师的论文在知网（CNKI）里面搜不出来时，别忘了在外文数据库中搜索。

* 要深入了解导师。你要知道导师关注的问题有哪些，尝试解决的问题又有哪些。只有这样，你请教的问题导师才愿意解答；你在谈自己对研究领域的看法时，才能避免说外行话。

这不是什么新鲜的方法，它的名字就叫作“做功课”。道理很多人都懂，但从总体上来讲，愿意做功课的人其实并不多。大多数人更喜欢“高效”解决问题（俗称“抄近道”），绝不轻易“浪费”自己的能量，所以你的实质竞争者要比你想象中的少许多。

诚实是最好的策略

秀完了你的硬指标，体现了你的软实力，是不是就完事大吉了呢？

这里我要很认真地跟你谈一个注意事项，忽视了它，你后面的日子可能不大好过。那就是写自荐信时一定要实事求是。

人和人相处，信任是最重要的。无论在简历里还是自荐信里，包装自己，展现优秀的一面，都是可以理解的。但是千万不要“无中生有”，不要为了能被某一位导师看中，就对自己吹嘘一番。这不是一锤子买卖，后面你们至少还要相处两三年，谎言迟早会被揭穿。

例如，你声称自己本科学的是计算机，掌握多种主流编程语言。导师正需要这方面的人才，就招了你，但是后来才发现你只会用每种编程语言写“Hello World”，连一个真正的项目都没做过。你一入学就把自己的信任余额花得一干二净，甚至还透支了，那以后师生之间还怎么相处？

在自荐信里，你最好把自己的目标实实在在地谈一谈。例如，研究生毕业后，你打算做什么；对于升学、就业、出国、创业，你想要怎么选择。这对你和导师间的双向选择会产生很大的影响。

比如导师的研究课题需要你花大量时间去做实验和研究文献，如果你将来打算继续深造，这些苦功夫对你来说就有意义；相反，如果你无意于深入钻研，难免会对这些工作产生抵触情绪。

而一些导师可能更注重研究成果的产业化，他可能需要你帮助他处理很多商务活动或事务性工作。如果你将来想要创业，这些就是非常好的经验积累与人脉搭建的机会，即便忙碌，你可能也会工作得很快乐；但如果你打算深造，需要找导师深入探讨研究课题，他即便有意愿，可能也没有足够的时间和精力来帮助你，你们彼此都会不痛快。

坦率地谈论目标确实可能导致你自荐不成功，但是这对双方来说都只有好处，所谓“两害相权取其轻”。如果双方在目标上产生了误会，后果可能非常严重。

你在新闻中或许也看到过那些因师生冲突引发的悲剧，其中很大一部分是因为导师和学生在初始阶段缺乏沟通，在目标上产生了严重的分歧。强势的导师可能会试图强力扭转学生的目标，让他们到自己设定的轨道上来。可是，不是所有导师都具备乔布斯那样的“现实扭曲力场”，学生感受到的可能是一种长期的压抑，最终悲剧就会酿成。

诚实未必能帮你获得眼前的小利益，但可以帮你避开大损失或长时间的烦恼。

正确认识导师的作用

写到这里，我觉得应该讨论一下：导师对你的作用究竟是什么？这个问题不搞清楚，后面可能会引发许多的不愉快，甚至会产生矛盾。

导师不能明确地告诉学生：“你该往哪里走，走的过程中应该分别在各段路径上使用什么样的交通工具。”这不是导师不愿意，而是他根本没有办法做到。高水平的研究是要突破领域现状的。如果有这样明确的路线图，那研究的原创性和探索性一定是虚假的。说得难听点，这样的研究只是长得像研究而已。

问题是，如果导师没有办法耳提面命地扶着学生一步步前进，转而需要学生自己进行探索，学生就要独立付出很多的努力，那要导师干什么呢？

我的答案是，长见识，赚认知。

见识跟钱不一样。人凭运气获得的钱很有可能“凭实力”再输回去；而人的见识一旦增长了，就很难再倒退了。

古时所谓的投名师访高友，实际上就是为了长见识。跟着世界上最厉害的导师来做研究，并不是让你把他做过的东西重复做一遍，或者进行“随意更换个零件，把参数旋钮换个角度”这种简单模仿。

其实你应该多观察他的行为并且去揣摩。很多情况下，你看到的这些东西，就是见识的来源。看不明白的问上一两句，自己多琢磨，你的认知很可能就会得到增长。导师的名声不是你真正的起跑线（虽然在很多情况下可以给你带来帮助），唯有积累到真正的见识才算数，因为见识才是真正属于你的。你会知道，原来科研还能像下面这样做。

* 形成最终论文的线性文字原来是由网状的思维生成的。网状思维可以非线性地把日常的观察和灵感积累起来。笔记间可以如此联系，形成综合观点，可以那般再利用。
* 要判断一个主题适不适合发表在一个刊物上，原来可以通过这些巧妙的方法，几乎不用付出成本就得以验证。
* 需要别人帮助的时候，原来执行这样的操作步骤，对方会感觉很开心，你也解决了自己的问题。
* 需要组建团队的时候，应该这样挑选过滤。想要激发团队的热情，那样做更为持久有效。

…………

别说是学生，连我这个已经当了好几年研究生导师的人，在访学的时候，也深深体会到这种“观察和参与”学习方式的妙处。

例如，有一次跟着合作导师和学校的计算中心商谈协作事宜后，我激动地写下了这样一则朋友圈动态：“走进主校区那间会议室前，几乎每个人都有不同的犯愁事儿。不到一小时，大伙儿全都喜气洋洋——老师用行动示范了一个高效的跨部门会议该如何进行。追寻共识、开诚布公；理解和照顾对方的需求，深度挖掘合作机会；迅速锁定并拓宽关系链条；找准网络自激方向……虽然我知道自己短期内无法达到这种水平，但是至少我见识到了成功的范例。当科学家，真的不只是会低头做研究那么简单。”

高年级本科生和低年级研究生能进实验室或成为研究团队成员都是幸运的，一定要争取，一定要珍惜。其实这是一种不对称的优势——没人期盼你能做出什么，但你真的可以亲眼看到甚至参与真正的研究。在这种环境下，如果你得过且过，甚至经年累月躲着导师，就是在浪费资源，也是对自己不负责任。

所以，如果你自荐成功，就要珍惜成果。导师真的不是用来“躲”的。

小 结

这篇文章讨论了研究生为了联系导师，写自荐信时需要注意的要点。

首先一定不要群发自荐信，要在充分搜集和分析导师们的信息后，选择自己真正心仪的导师；其次在信中需要传递有效信息，突出你对导师的价值；同时，让导师感受到“安全感”和“被尊重”；最后，在整个过程中，一定要以诚实为本，避免日后面对长时间的烦恼。

希望读过本文后，你的自荐信能写得更有效。祝顺利！

02

对于科研人来说，英语该不该花力气学

知乎上面有一个问题，叫作“如何系统地自学 Python？”，我在后面写了自己的答案：《如何高效学 Python？》[①]。

这个答案发布至今，获得了将近 6000 个赞同，上百条评论。然而，在留言区里，我看到不少人把话题从编程入门转移到了英语学习上。他们要么很客气地找我要中文学习资料，要么“不那么客气”地批评我只推荐外文内容……可见，他们中的许多人都不准备学英语。我号称“爱问问题的王老师”，面对这个情境，又不禁在心中画了个大大的问号：为什么他们这么反感学英语呢？

原因可能不胜枚举，但最主要的，应该是他们认为学英语没用。

---

① 详见作者知乎账号。——编者注

我观察到，许多人对自己认为“有用”的事情，即便花费再多的时间，也是愿意去做的。可你生活在一个中文环境里，看报可以用中文，聊天可以用中文，娱乐可以用中文，点餐可以用中文，上网购物一样可以用中文，所以英语看起来似乎真的没有什么用。这时候，你只不过想学门 Python 编程语言来分析数据，突然发现有个莫名其妙的人告诉你要先学英语，你是什么感觉？

很多人可能早已坚决放弃英语学习，但是作为有志于从事科研事业的你来说，千万不要有这种想法，因为英语很有用。

英语有多有用

学英语是你在读研期间需要面临的实际课题。

有的同学会以为，学英语是为了把英语写作能力修炼到文采斐然的水平。其实如果你的专业不是英语文学，导师对你的英语写作能力可能并没有什么过高期待。不过，你的英语水平一定要达到能进行学术沟通的标准，其中包括用英语进行听、说、读、写。

听

所谓“听”，就是能听懂别人用英语表述的内容。

有的同学一碰到听力考试就头疼。其实无论大学英语四级、六级考试，还是大学英语期末考试，听力都是非常简单的。转换到实际场景下，“听懂”的要求则复杂很多。

我自己就有过这样的经历。从小，我们学英语的时候都有一套标准的问候模板：

“How are you?”
“I am fine, thank you. And you?”
“I am fine too, thanks.”

是不是听起来很熟悉？可是我到美国访学时，同样是打招呼问候，对方一句话就把我给问愣了：

“How are you doing?”

别看就多了一个单词，我立即开始调动全部注意力和记忆检索自己的词汇表，却憋不出来一个合适的回答，尴尬得想遁地而走。

几天之后，当我终于明白过来这是什么意思，以及该如何答复时，人家的问候语却突然转换，变成了：

“What' s up?”

这还都是你熟悉的单词，只是换了个组合方式。如果你参加全英文的课程、培训和会议呢？人家讲的内容里不仅有你熟悉的那些术语的英语说法，还有不同的表述方式。即便是上网学慕课，你也要先能听懂，才有可能吸收其中系统化的知识，对吧？

说

我们知道交流是个双向的过程，即便你学习慕课，单向地吸收和记忆也是不够的——遇到听不懂的部分，你不是还要提问吗？

如果更进一步，你为了参加国际学术会议做了展板，或者你要到国际论坛上讲解自己的研究成果，不会说能行吗？我见过有的学生事先把所有要说的内容都写成文字稿，然后用翻译软件翻译，找英语好的同学润色，最后跑到会议上背诵全文。

一开始还是比较顺利的，虽然他看起来难免有点儿紧张，不过表达还算流畅。然后，突然有观众举手提问，他的脸一下子就白了，冷汗涔涔。后面的情景我就不描述了。

参加国际学术会议本身就是个拓展信息面、结交朋友的好机会，原本你可以跟来自各国的学术名家与青年才俊欢聚畅谈，但是因为用英语“说”的能力缺失，你可能恨不得一直躲在角落当透明人，从而浪费宝贵的交流机会。想想看，这是不是很可惜？

读

读，就是能够检索和读懂专业文献和相关资料。

对于很多学科而言，最新的优秀学术成果往往是用英语发表的。许多人说读英语文献是“崇洋媚外”，这其实并不符合实际情况。仔细看看自己检索到的英语文献，其中很多优秀文章的作者都是中国人。能在国际一流期刊上读到自己同胞的作品，应该是值得自豪的，因为这些文献的作者向全世界展示了我国学者的研究实力。所以研究生要想了解高水平的最新学术研究成果，就要会用英语阅读。

其实，“读”是很多中国学生的强项，毕竟相对于“听”和“说”而言，“读”只要求充足的阅读量，对英语外部环境的要求更低。但是很多学生平时也不喜欢读英语原版内容，或者喜欢投机取巧，给浏览器装上一个汉化插件，无论打开什么英语资料都能一键将其变成中文资料。这看似非常省力，提升了效率，但其实得不偿失。因为这样你就缺乏足够的训练，对于相关术语的英语表达不熟悉，很不利于后续的科研写作与交流。

写

所谓“写”，就是能够用英语简洁地表达你的想法。最低的标准是能和专业人士书面沟通，高一些的标准则是独立完成英语报告与论文的撰写。

作为研究生，阅读了文献后，如果在理解或实验复现过程中遇到了困难，找作者求助是一种常用的解决方法。一般来说，你不太可能跟作者通过视频或电话等形式沟通，而要通过书面信件完成信息交互。如果你的写作能力过硬，可以清晰地表述问题，那么沟通效率会很高。这样的能力也可以让你在科研的竞争中具有优势。

至于英语报告与论文的撰写，其要求就更高一些。英语不是你的母语，但你需要用英语长文描述自己的研究目标、设计方法并讨论结果。作为国际期刊的审稿人，我不止一次遇到研究的问题很有价值，但是英语写作非常糟糕的文章。一看研究的场景和主题（例如研究对象为国内的一些网站），就能大体判别出来是国内学生的作品。而且这样的文章一看便是用全中文写作完成后，直接进行机器翻译和简单调整得来的。文章里很多写作方面的疏漏阻碍了读者的理解吸收，也会让审稿人无奈地给出大幅修改的意见，甚至是拒稿。现在虽然有不少机构会提供英语校对和润色服务，但前提也是你可以用英语把自己的意思说清楚、讲准确，否则后续改动起来会很困难，相应的花费也不菲。

从以上 4 点你应该不难看出，仅仅为了完成研究生阶段的必要学术活动，你就必须提升英文能力。如果你现在就能达到这些标准，那自然很棒。但从我的观察来看，大部分刚入学的研究生在这方面应该还有欠缺。有欠缺不要紧，下力气去学就好了。

学习英语的路径

从小学开始学英语，到现在大学毕业，想必你听说过的英语学习方法也不少了。我们没必要把它们一一罗列出来，何况其中还有很多你自己试过但并不奏效的方法，对吧？

请记住我的这句话：先创造环境，强迫自己改变学习路径；然后等待正反馈的到来。

我先讲后半句。

学知识和技能就跟存钱一样，都不是线性增长的，哪怕利率不变。假设你现在有 100 元，年利率为 5%，那么 20 年后你有多少钱？要回答这个问题。最好绘个图出来。用 Python 或 R 进行这种简单曲线的描绘并不难。

学知识和技能，“利率”是变化的。你学得越多，就很有可能学得越快，而且越来越驾轻就熟。这就走上了正反馈（或者叫“良性循环”）的路径。我的不少同学在大学时，英语学习便达到了这种境地；更有甚者，在高中时就达到了。

你问我当时是不是也这么厉害？当然不是。那时候我只能“仰望”他们，望尘莫及。

想想看，如果你在十七八岁的时候，不借助字典就能够看懂国外媒体上的报道，看美剧和好莱坞电影完全不需要借助字幕。那到了今天，你会比现在的自己多掌握多少有价值的信息？这些信息将带给你多少宝贵的机会？

想想就好，不要陷进去，毕竟人要往前看。往前看，就是有朝一日，你也能达到这样的境地。

但是如何做到呢？这就需要用到那句话的前半句了，即“先创造环境，强迫自己改变学习路径”。

为何要改变学习路径？因为它有问题。学了这么多年英语，如果你的方法真的得当，怎么可能都大学毕业了还学不好呢？

* 训练目的不对。学英语不应该只是为了应付考试，还应该是为了应用。对你来说，应用的重点自然是沟通。
* 训练方法不对。你背过单词、拆解过语法、没少做阅读理解题，但是为什么学习效果不好？因为没有动力，缺乏反馈。

先说动力。除了考试，你学习的英语真的用上了吗？如果没有用上，就要想办法用上。我第一次不得不用英语就是被逼出来的。那是我上高一的时候，班主任是英语老师。刚上第一节课，他就全程以英语授课，我们都大吃一惊。更让人吃惊的是，下课了，他还不说中文！

我们开班会，他说英语；下课布置各种任务（如安排值日生），他还说英语；同班委、课代表开会，他说英语；找他请假或者交作业，也必须说英语。

开家长会，他终于说中文了，大伙儿奔走相告。于是家长们在里面开会，我们一帮同学在门口倾听，发现老师的英文发音标准，说中文却带着浓重的乡音。

这是老师为我们精心创造的英语学习环境，给我们带来了学习英语的动力（或者说压力）。下面咱们说说反馈。

反馈就是你用英语写下一段文字，要知道是否把自己的意思表达清楚了；用英语说了一段话，要知道他人能否听懂；看了一段无字幕英语视频，要清楚自己理解得是否准确；听人家用英语高谈阔论，要明白自己的理解中究竟夹杂了多少“想当然”的噪声。

所有这些，反馈得越快，你就进步得越快。

给自己制造语言环境

如果你缺乏动力和反馈，那么下面这个实际的例子，可以帮助你实践。

母语是英语的外国人不难找，许多学校还有外教，多尝试跟他们交朋友，然后同他们用英语沟通。当然，要找发音标准的。

我认识一名美国外教，他是我在肯塔基访学时交到的朋友。他们学校跟我工作的学校有合作办学关系，因此他本科一毕业就经由校方推荐，应聘过来教英语了。我把他介绍给了我的学生们认识，但据我所知，他在这儿待了两年，某些学生只跟他主动打过一次招呼。反倒是其他院系的学生，甚至只是来“蹭”他课的，也有不少人跟着他实打实地提升了英语水平。

其实我和他交朋友的方法很简单：请他吃顿饭，学校食堂就行（外教们一般课程安排得比较紧，中午没有时间去学校外面吃饭）。请外国人吃顿饭，与你找私教学英语相比能省下不少钱。并且你们吃得高兴，聊得开心，还能交朋友，这难道不是双赢吗？反正我每周至少请他吃一顿饭。两年下来，自觉我的英语水平有所长进。

在这种和外国人直接接触的情况下，你不得不丢掉所有的“拐棍”，只能凭着真实的英语能力与之对话。原先，你的英语水平怎么样，就如同“薛定谔的猫”，状态未知；现在，你能否听懂，表达是否准确，即时反馈，一目了然。

借助真实的场景，你能发现许多自己有欠缺的词汇应用和表达方式，也能在近距离沟通中感受到中外的文化差异和思考方式的不同。这些知识可能考试不会考，所以无法体现在你的成绩单上，但是将来你的学业和事业，可能真的会因为这些隐性知识显著受益。

要想获得这些进步，你需要走出关键一步，即创造一个合适的语言环境。

虽然我给你举了这样一个例子，但是你不应该局限于此。好的学习态度不能仅满足于萧规曹随，而须举一反三。想想看，还有哪些类似的方法有助于形成这种环境，给自己以动力？

欢迎你把思考后的答案告诉我。

小结

我特意用一篇文章来讨论英语学习，是希望你能明白对于科研人来说，英语能力不是锦上添花，而是人人必备的技能。

当然，对于我们非英语母语国家的学习者来说，在英语能力方面的要求并没有那么高，你只需要尽量做到以下 3 点。

» **听懂别人用英语表述的内容。**
» **能够用英语（以口语或书面）简洁表达自己的想法。**
» **能够检索和读懂专业英语文献和相关英文资料。**

最后，不要害怕，从现在开始一步步积累，相信你终能克服学习英语这一困难！

一学一术一写一作一五一步一法一

选题篇

如何从零完成高质量论文

01

找到科研选题的 5 种办法

2017 年夏天，我参加了哈尔滨工业大学的“大数据与商务分析”暑期学校。关于那段日子的记忆是炎热、匆忙和充实的，我收获了许多东西，尤其是科研思路方面。

学校邀请的讲座学者都是数据科学和信息管理研究方面的专家。我如同刘姥姥进大观园一般眼花缭乱，看什么都觉得新奇有趣。我提的许多问题，如果自己尝试解决，花费的精力和机会成本都是巨大的，而这些有所迷惑的地方，我都从诸多专家那里获得了答案。即便有些地方不是一两句话就能说清的，热心的学者们也给了我充分的指引。

回津后我认真整理笔记，按图索骥地读书、看文章，希望把思路理清，并且记录下来。我希望把自己在科研领域认知升级的过程记载清楚、记录完整，也把这些收获和感悟分享给你。希望你和我一样，充分利用好各种机遇，在科研之路上精进前行。

这篇文章聚焦于科研选题。

我大致归纳了 5 种常见的选题导向，并帮你一一剖析。希望本文能有助于你的开题和今后的科研。

为什么“方法导向”不适用于科研选题

在剖析我推荐给你的 5 种选题导向前，我们先看看许多科研初学者容易犯的一个错误：以方法为导向进行科研选题。

有的学生在课堂上学过一些研究方法后，便开始套用还是一知半解的方法和工具，得到一堆来源可疑的数据，然后扔到统计软件里，等着漂亮的结果奔涌出来。更有甚者，方法、数据和研究题目都不匹配。

这样做能得到一项科研成果吗？当然不能。你通常会看到下面这样一个 3 段论。

* 大前提：狗都有 4 条腿。
* 小前提：我家的猫有 4 条腿。
* 结论：我家的猫是 1 条狗。

有这样一句俗语用来形容这种错误：“To the one with a hammer, everything looks like a nail.”

翻译过来就是,“当你手里拿着一把锤子的时候，看什么都像钉子。”

你可能觉得自己学过的东西更高级一些，不会犯这些毛病。例如学了爬虫（Crawler），你就可以随心所欲地找自己需要的研究数据了，根本无须去伪造数据，或者担心别人填写你的问卷的时候胡乱应付；学了 R，你就可以做出非常漂亮的回归分析结果和图表了，甚至能处理时间序列；掌握了机器学习，你就可以让机器替你干累活儿，帮你快速分析出决策树、做出词云了，甚至是做文本情感分析与主题发现……

但是，即便这样，也请你记住——无论多么时髦和高级的工具，都不应该成为你的论文选题的起点。

例如，你需要对数据构建模型，进行分类预测。你手里已经掌握的数据是结构化的。你可以把数据想象成一张 Excel 表格，其中包含许多特征列，以及对应的分类。这时候，可以选择的分类方法有很多，例如逻辑回归、决策树、随机森林和 SVM 等经典机器学习方法，这些就完全可以解决问题了。但是有的同学觉得这些方法不够酷、不够时髦，放眼望去，深度学习（Deep Learning）方法好像也可以做表格数据的分类，“就选它了”。

之后，你在论文的文献回顾部分写了大量关于“深度学习”优点的内容，把这种更为复杂的方法吹得神乎其神，自己读来感觉热血澎湃。其实你自己好好审视一下，那些深度学习模型在图像识别、自然语言理解方面的突破和你的研究真的有关系吗？

如果光看深度学习模型最终获得的分类结果指标，好像还不错，但只关注单一结果数据是没有意义的。比较模型分类结果的标准，应该是同样的测试数据用不同模型得到的分类结果的对比。

这一对比，你立刻发现问题了——花了更长时间训练出来的深度神经网络模型，居然比经典模型的结果还要差。前面所有的吹嘘和最终的结果大相径庭。这样的文章显然连投出去的价值都没有。这是为什么呢？

原因可能有很多，但其中一个常见的原因是，你的数据不够多。深度学习模型有很多的参数，需要在训练中调整。这种调整需要足够多的数据支撑。你的数据不够多，模型没有办法抓住数据特征的规律，于是它开始"死记硬背"答案，专业术语叫作"过拟合"(Over-fitting)。做练习的时候，你的深度学习模型看起来非常厉害，可是测试的时候，面对没有见过的题目（新数据特征），它就"现了原形"。

所以，选择研究方法，绝对不是哪个新、哪个复杂、哪个酷炫，就选哪个。拿着新颖的研究方法把数据"拷打"一遍，然后牵强附会地说明自己研究的独特性和价值，更是无稽之谈。研究方法要和研究问题、数据特征等环境相匹配，才是最好的选择。

把"分析法思考，综合法证明"的那一套耍小聪明的做法暂时收起来，否则你就会一叶障目，找不准自己的起点，结果就是做出了一大堆劳动成果，却没有解决任何值得解决的问题。

选择某种方法时，一定要问自己以下几个问题。

* 为什么要使用这种方法？是因为自己熟悉吗？还是因为别人不熟悉？
* 这个问题是否适用于这种方法？有没有其他方法可以更好地解决该问题，即便这个方法你并不熟悉。
* 你能获取这种方法需要的数据吗？这些数据通过该方法的处理，能否得到你需要的结果？

选题、做题都是有机会成本的。把时间花费在值得的事物上。切记。

研究要有目的。最重要的目的是解决一个具体或抽象的问题，而且这个问题还应该有价值和意义。我这样说，不是让你停止学习研究方法。恰恰相反，研究方法不仅要学，还一定要多学。但是学过之后，要摒弃“一定要应用某一方法”来做研究和写论文的执念。

纽约大学斯特恩商学院 Heinz Riehl 讲座教授艾宁德亚 · 高斯（Anindya Ghose）说，只有你掌握的研究方法足够多，工具箱里有各种各样不同工具时，你才不会执着于某一种方法，而是会根据问题筛选合适的解决途径。

看来方法导向对论文选题不适用。那怎么办呢？很多人会抢答说“就用问题导向”。说的没错，但是仅仅说“问题导向”其实缺乏可操作性，我们还应清楚问题从哪里来，该怎样寻找其来源。

通过和一流学者的交流，以及阅读文献，我梳理出问题来源的以下几种常见类别。

* 文献导向。
* 数据导向。
* 实践导向。
* 协同导向。
* 系统导向。

下面我来当导游，带你在不同的问题来源中游览一番。希望聪明的你可以掌握它们，并且找到适合自己的问题寻找途径。

文献导向

做研究、写论文需要读文献，这是常识。许多研究者会建议你从文献中发现问题。这也是一种公认的途径。

文献研究实际上是学者们跨越时空的对话。这种特殊的对话形式，不仅要求作者梳理相关的历史文献，还得在论文末尾标注文章的限制和未来需要做的研究，即所谓的“展望”。

很多导师会让学生从文献着手发现别人的研究局限，然后通过突破这些局限，替别人把展望变成现实，从而做出属于自己的原创性研究。这种方式好不好？理论上是好的，也确实有一部分人通过这种方式找到了好的选题。毕竟作者在论文结尾放这么一部分内容，本意就是给后来人提供合适的路标并指出前进的方向。

然而，现实往往是复杂的。许多经验丰富的研究者对此心知肚明，却因为各种原因不愿意或者没有找到合适的途径告诉你。

在现实世界的更多情况下，那些“限制”“展望”其实不是实在的路标，而是研究者望洋兴叹的产物。他们就如同《笑傲江湖》里面的魔教长老一样，手持利斧开山数百丈，却依然没有找到出口。研究者与长老不同的是，他们并没有继续前行累死自己，而是停下来告诉后人：“往这个方向走是没错的。”

除非你幸运如令狐冲，否则别指望剩下的山体可以一捅就破。大部分情况下，你朝着这个方向走下去，恐怕还得另外开山数百丈，甚至可能会累死在半途中。

这是因为，许多能解决的问题，原先的研究者早已解决完。谁会把容易解决的问题拱手让人呢？积攒这些问题和存钱不同，不会给他们带来任何复利的好处。更何况，审稿人哪里会对容易解决的问题“高抬贵手”？肯定会“穷追猛打”，让作者反复思索，直到作者真正解决了它们才肯善罢甘休。

被审稿人和编辑放过的“未解决”问题，要么是当前环境下非常难以攻克的问题，实在不便强人所难；要么是工作量很大的问题，完全可以自成一体，再写一篇文章。当你有幸在期刊上读到正式发表的论文的时候，作者兴许早把这展望中描述的“后一篇文章”写完了。

这就如同王戎说李子是苦的一般，科研领域里低垂的果实（low-hanging fruit）并不容易碰上。如果你运用理性思维琢磨，就会发现其中的奥秘。正因这种潜规则，谷歌公司首席经济学家，加利福尼亚大学伯克利分校（UC Berkeley）的教授哈尔·瓦里安（Hal Varian）提出，千万不要在构建完成一个新的模型前，去寻找和阅读相关文献。

瓦里安这样说主要出于两个考虑。首先，好的文献绝不会给你留下容易解决的好问题；其次，你的思路可能会跟着这些走在“主流”道路上的“大牛”走，彻底钻到一个死胡同里，而对于本来可以轻易发现的新问题，你可能会自动忽略它们。

因此，瓦里安建议人们先把模型做出来，然后不断迭代、修正模型到可以接受的程度。

有了这样一个模型再去读文献，你可能会发现数十年前这个问题就有人研究过了。不过不要沮丧，这不是大问题。

这恰恰证明你的独立科研能力已经达到（至少在当时）可以在优秀期刊发表论文的水平。对于科研初学者来说，这是一种非常积极的反馈。下面用你的经验去查找新的问题和模型。如果你的模型和原作者有细微的差别，那就更好了。从这些差别中，你可能会有极其有价值的发现。

佐治亚理工学院的吴东军教授（D. J. Wu）提的办法更有意思。他的办法属于典型的“看热闹不嫌事儿大”——让经典文献相互“打架”！

文献不是生物，怎么“打架”？其实许多文献确实在“打架”。例如一篇文献 A 提出某观点，可能一段时间后另一篇文献 B 就用充足的证据把该观点驳斥得体无完肤。

人们就倾向于将新的文献 B 的观点奉为圭臬。但是文献 A 当初是怎么从审稿人的手底下“滑过去”的呢？真的是审稿人缺乏责任心导致的“事故”吗？事情恐怕没有这么简单——文献 A 很可能有合理和可取之处。于是吴教授从这样的文献间的冲突出发，用更为全面的模型考虑在哪种情况下，文献 A 的论点依然会成立，从而对文献 A 给予（有条件的）支持。

由于文献 A 和文献 B 的冲突，吴教授所做研究的意义和价值已经不言自明，从一开始选题就具备了充分的价值和必要性。因此这是一种非常聪明而有效的文献利用方法。

发现、理解，而且还恰好能重新诠释经典文献之间的冲突，听起来很美妙。然而，并非所有人都有这样的运气和毅力。所以，为了发现问题，你还需要使用其他的手段——数据导向。

数据导向

如果你手里有好的独特数据，可以尝试从中获得选题。

在我参加的这次暑期学校中，有半天的时间是编辑与作者的交流时间。由于 MISQ 的主编阿伦 · 拉伊（Arun Rai）和 ISR 的主编阿洛克 · 古普塔（Alok Gupta）都在，所以参与交流的人被分成了 2 组，每组分别有 3~4 位作者展示自己的论文，寻求主编的意见。

有位作者展示的是利用 Foursquare 数据对用户行为进行预测研究。不少听众的兴趣点在于独特的大规模数据获取，散会后，他们一直追问论文作者是如何收集这些数据的。

这位论文作者一下子有些紧张，似乎害怕这份宝贵的数据很快就被别人轻易夺走。这种担心不无道理。大数据时代，数据是不缺的，但获得真正有价值的数据，如同沙里淘金，并不是一件容易的事情。别说数据本身，就连淬炼高价值数据的方法，也是经过了无数次摸索和失败才最终获得的。

专属的数据不是所有人都能得到的。有位老师讲解了如何和国家税务总局合作，利用发票数据来监控产能过剩的问题。方法非常简单，筛选出合适的指标特征就可以——他最后选择的是钢铁和煤炭行业的数据。通过这种方式，他不仅给全国企业画像，还通过某些指标特征，发现了其他“有趣的结果”。

你可能觉得很不服气——这样的问题自己也有能力处理啊！问题是，从哪里获取如此大规模的专属数据呢？这个问题咱们后面会谈及。

如果专属数据难以获取，你可以退而求其次，找开放数据。开放数据中，也有非常适用于研究的，而且规模庞大。

但是请注意，如果你利用开放数据做研究，速度是非常重要的。这是个竞争激烈的领域，唯快不破。你能看到的数据，别人也能看到。如果下手慢了，你可能就摘不到“低垂的果实”。

现在学术界比较注重原始数据的开放性。这主要是为了保证研究的可重复性能被有效检验。有不少期刊在作者投稿的时候就要求上传对应的数据，而且数据集目前也可以单独出版，这样别人使用时可直接引用。作者辛苦采集的数据被一次次的引用行为肯定。

再如 Kaggle 等数据科学竞赛网站上总是有非常规整的数据集可供你使用。如果你用得好，挖掘出数据的独特价值，甚至还能获得价值不菲的奖金，何乐不为？

看到这里，你或许感到很疑惑：刚才还说有价值的数据非常稀缺，可为什么这些企业和组织机构要在 Kaggle 这样的网站上公开发布数据呢？而且不但白给别人数据，还发奖金？

实际上，企业在经营活动中，总会面临之前没有遇到的实际问题。他们十分需要利用数据驱动的方式来解决这些问题。传统的解决问题的方式是，从企业咨询机构聘用顾问或咨询师，但是顾问一般是按照工作时长而非产出效果来收费的。企业与其高价买来无法衡量品质的服务，还不如干脆公开发布数据，给出确定的奖金数额，让大家来竞赛，即以奖金为杠杆，撬动世界上优秀的大脑一起竞争解决问题。所以，这种做法是真正的理性决策。

通过企业主动公开数据的例子，你应该明白了一个道理——数据虽然可以给你带来独特的视角和观察资料，但是其中蕴含的更为重要和有价值的问题，其实源自实践。

实践导向

前面提到过，哈尔 · 瓦里安教授认为不应该从文献中找问题，而应该把时间花在看似不相干的报纸和杂志的阅读上。他推荐的报纸杂志包括《纽约时报》《华尔街日报》《经济学人》等。

瓦里安教授认为，对经济学研究者来说，读这些东西远远比看文献重要。因为这些报刊会提到经济学家感兴趣的实际问题，虽然分析过程有时漏洞百出。其他专业人士看了，可能一笑置之，但是瓦里安教授显然不会轻易放过这么好的选题机会。

其实，在学术圈写论文，就像在讨论区和别人争论。如果你只会翻来覆去说一些大家都知道的内容，没有人会感兴趣；而如果你能不断从外界获得新的灵感、信息和见识，特别是利用好别人提出却没有解决的好问题，那你讲的内容就可以更轻易地抓住别人的注意力。

除了阅读这些报纸杂志，学者们还提出了两个很好的发现问题的途径。

一个是业界咨询工作。艾宁德亚·高斯和保尔·帕夫罗（Paul Pavlou）等学者都是“两条腿走路”——一边在学术界攀登，一边在业界做咨询工作。咨询的目标是解决问题。作为一名咨询顾问，不用你主动去寻找，问题也会自己找上门来。

在大数据时代，做咨询必然要接触许多企业数据。例如，高斯获得了好几家知名企业做数字广告的效果数据。这些数据不仅体量庞大，而且结构完整、真实性高，是让你的研究获得竞争优势的重要源泉。

与企业合作是一种双赢之道。这里我给你提个醒——在这个人与人之间联系紧密的社会上生活，一定要学会互惠合作，不要总是尝试做“伸手党”。

许多导师和研究生都觉得，获取数据是一件非常困难的事情——那些大公司根本不愿意分享数据给你。没错，但是你没有看到“硬币的另一面”。他们其实特别乐意分享数据，只要你的分析能力比他们强，能给他们更有价值的洞见。不难想见，许多大型企业都对高斯和帕夫罗这样的顶级学者敞开大门、张开双臂，表示热烈欢迎。

同样的数据，在不擅于分析的人手中一文不值，到了会分析的人那里就可以被挖掘出不菲的价值。企业解决了实际问题，获得了经济回报；你完成了研究，发表了高水平论文。这便是双赢之道。

可是你作为一个科研初学者，还远远没有那样的积累。大企业可能还是会把你拒之门外，怎么办呢？

答案是从小处做起，如帮中小企业解决具体的问题。

我在密歇根州大学访学的时候，讲授管理信息系统课的基兹耶尔教授，让学生到主街（main street）上挨个敲商户的门，帮助他们发现目前存在哪些不足，并且想方设法加以改进。学生上课的时候分享这些案例，可以充分体会"实践出真知"的意义。

获取实践问题的另一个途径是读案例。

前面提到的佐治亚理工学院吴东军教授，就让自己的学生去读哈佛案例库，从案例中寻找问题。一个企业案例能进入哈佛的案例库是非常不容易的。经过层层筛选的企业案例往往代表业界实践中非常典型的问题。哈佛商学院教授派珀认为"商业世界只有问题，没有理论"。通过读案例，学生可以找到"想问题的感觉"。

你看，一个经典而庞大的问题库与实践结合紧密，理论却缺位，这难道不正是研究者们的好机会吗？

然而，据吴教授说，他带的博士生里愿意听他话的寥寥无几。有个叫黄涛的学生听了他的话，真的跑去读案例，于是成了他最为得意的学生，发展得非常好。看来，听导师的话，不吃亏。

有的同学可能会觉得，自己没有声誉和名气，是不是就不能按照“实践导向”来选题呢？

当然不是。每个人都有自己独特的生活环境，你可以找到自己独特的生态位。尽量扬长避短，找自己熟悉的地方切入。当年我们学院有个学生是少数民族，他在做毕业设计时选择做本民族语言文献管理系统，效果很惊艳，获得了“优秀毕业设计”的荣誉。

协同导向

暑期学校的最后一天，主办方把保尔·帕夫罗请了过来。

别人做学术报告，多是用自己发表的几篇论文来讲解自己具体的研究，或者把自己的心得和其他学者的观点熔于一炉，娓娓道来。保尔不是，他介绍了移动互联网领域的几大重点研究方向，介绍每一个研究方向时，都对自己目前发表在一些顶级期刊上的文献进行点评。他很谦卑地说，批评别人的作品是一件比较困难的事，所以就批评自己的作品吧。

然后，在每一个类别下面，他都批评了几篇自己的作品。这样的PPT 有十几页。他确实没有办法细讲，因为他发表在顶级期刊上的研究成果过多，每篇都细讲的话，肯定超时。

你可能对这些国外期刊不是很熟悉，为了让你能有切身的感受，咱们打个比方。好比一位国内图书情报学者介绍自己近几年的研究，列出了三四十篇文献，全都发表在《中国图书馆学报》《情报学报》《中国社会科学》《管理世界》上……明白有多厉害了吧？

中场休息的时候，坐在第一排的我一个箭步蹿上台，问了一个颇为幼稚的问题："别的学者总说质量和数量是一对矛盾，要做权衡取舍。我看你在保证研究质量的同时却有这么多的研究数量。你一定有什么秘诀吧？"

保尔笑了笑说，其实没有什么秘诀，只是遵循了以下 3 条法则。

* 努力工作，不能过于努力而耽误了生活，但是也得足够努力。
* 研究的问题要通俗易懂和有趣，这样才做得下去。
* 要找靠谱的合作者。其实最近这几年他并不想发表这么多文章，但是合作者（包括同事、博士生和刚刚毕业的博士）不干，他们一个个干劲儿十足，拽着他往前冲。

我一下子明白了合作者的重要性。他们所能提供的不仅是独特的知识、方法和观察视角，还有动力。

然而，为什么像保尔这种质量与数量齐飞的情况并不多见呢？

从他的讲述中，我悟出了关键点——扎实的基本功。他做了很长时间的博士，在长期的博士基本功训练里，他对任何研究方法都认真掌握，然后反复磨炼。他能处理一个大领域中不同的科研问题，所以与他人合作的结果非常好，沟通带宽也足够高。

对于自己的这种能力，保尔用了“幸运”一词，但是我相信用“努力”一词会更确切。当他足够优秀，功成名就时，自然就会吸引更多优秀的人跟他合作，于是他的声望就达成了一种正向循环。你要想得到这种正向循环，还需要足够长时间的积累。有同学问我，该怎么选择合作者？

我的答复是：多出去开会，跟“高人”建立联系。“高人”未必是功成名就者，很多年轻人也非常有潜力。

从保尔这里我领悟了许多。然而，因为时间关系，他虽然把一条清晰的脉络展现在了听众的面前，却没有着重去讲他选题的另一个重要成功法则。幸好，吴东军教授给我们补上了这一课。

系统导向

在与吴东军教授的问答过程中，我说了一句实话：“您讲之前我都困了，您讲完我都不困了！”

大热天的，听了一上午的课后，刚吃过午饭，下午 1 点就上课，一直到下午 4 点，能不困吗？但是吴教授有办法让大家变得特别有精神，因为他非常幽默。

吴教授的讲座有以下两条主线。

* 批评自己的研究生。他说因为跟自己带的研究生们讲话没人听，所以跑到世界各地给别人讲，别人听了获得了成功，就可以拿过来当榜样教育自己的学生。
* 夸自己的儿子。吴教授的儿子非常优秀，被藤校提前录取。吴教授介绍完儿子的成长经历后，课后问答时间就有许多老师跑上去问育儿经，搞得吴教授只好推说孩子平时都是太太管教。

但是，他讲自己儿子的故事，却给他自己和观众都带来了启发。

近 10 年前，他儿子还很小的时候，爷俩喜欢下国际象棋。吴教授下棋时似乎没有什么风度，最大的乐趣就是一个个吃儿子手里的车马小卒，看着儿子干着急，他乐不可支。

但是，那一次，儿子的举动让他惊呆了。

他依然欢乐地吃儿子手里的棋子，儿子却突然抬头，自信地告诉他："爸爸你输了。"他觉得这是儿子的臆想，自己这边兵力充足，子数占优啊。但是这盘棋真的是儿子赢了。吴教授不解，问儿子是怎样做出的判断。

他儿子说，因为自己的布局已经完成，虽然损失了一些棋子，但是锁定了最终的胜负。

吴教授当时立即悟出后面几年的科研路径——要布局。吴教授追求的布局，早几年想明白这个道理的保尔已经做到。

布局的精髓是，在一个领域的每一个方向上都占领关键点，这要求你对该领域有全面、深刻的了解，并且能够预测该领域之后一段时间内可能的发展；在你占领了这些关键点后，别的学者取得的任何研究突破，都必须以你的这些关键点为基石，那么被引用率想不高都难。

清华大学的宁向东教授一直强调“格局”二字。在他看来，“格”是动词，“局”是名词，作为宾语。一个领导者只有具备“格局”的能力和智慧，才能充分地调动各种资源为自己所用。保尔也强调了这个问题，他认为一个学者应该具有企业家精神（entrepreneurship），也就是说，好的学者也该是好的领导型管理人才。

关于关键点的占领，有趣的例子是科斯的论文。当年科斯提出著名的“科斯定理”的那篇论文，因为打破传统认知，缺乏学界共识，导致很多经济学研究者不以为然，纷纷提出批判性意见。然而几十年间，科斯的文章被引用的次数过于惊人，他也拿到了诺贝尔经济学奖。

小 结

本文总共列举了 6 种科研选题的导向。其中“方法导向”你应该避免使用，而其他的 5 种导向都可以借鉴。

复习一下，其他的 5 种导向分别为如下内容。

» **文献导向，从经典文献中发现问题。**
» **数据导向，如果你手里有好的独特数据，可以尝试从中获得选题。**
» **实践导向，从媒体、业界咨询和案例中发现选题。**
» **协同导向，明白优秀合作者的重要性。**
» **系统导向，提前布局，占领行业关键点。**

使用时要注意它们独特的应用场景，以及要和你的现实条件相结合。希望这些内容，对你的论文选题有所帮助。

除了本节中列出的 6 种导向，你还知道哪些做科研选题的方法？这些方法你实际使用过吗？你有什么值得借鉴的经验或应当汲取的教训吗？

02

有效扩展选题思路的两个办法

在上一篇文章中，我们讨论了如何利用“问题导向”找到研究课题，并且给出了 5 种不同的实操路径，分别是从文献、数据、实践、协同和系统出发，发现新课题。

在这篇文章中，我们还要继续讨论选题的问题。因为这项工作实在太重要了，我们不能假装你只要按照原则执行就会一帆风顺，所以我们有必要对一些重要环节做进一步的讨论。

选好课题的重要性

科研不同于工厂的生产，虽然你站在事后诸葛亮的角度来看，二者有很多相似之处，例如都需要投入资源，都要设定截止日期，都有对产出质量的评估等。

但是，工厂的生产其实更有确定性。至少，它可以把工序拆解出来，让初级工人能够按部就班地操作。甚至在很久以前，许多基础且枯燥的工序就让并不智能的机器来代劳了。

然而在科研上，大部分工作是必须靠扎实的学术训练才能完成的。这就是为什么某些本科生在简历中说自己进过某某著名实验室，业内却没人当回事。因为大伙儿心知肚明，你在实验室里面做的，无非就是“刷试管”一类的工作。即便在科研中存在自上而下的正规工作流程拆分，实际上这也只会发生在科研工作后半段，而且一旦你能清晰规划出可拆分的正规工作流程，你就应当庆幸，科研工作最艰苦的部分已经完成。

科研真正的关键问题往往出现在前半段，那就是你根本不知道要做什么。

科研不是一场大学课程考试。课程考试的特征是“通过性”，即你只要能正确完成一定量的题，就能通过考试。科研是一场田径比赛，无论你跑得多快，只要别人比你快一丁点儿，你前面付出的全部辛苦与努力就会付诸东流。

因此，研究人员最反感的一个词叫作“抢发”。所谓“抢发”，是指别人在私下场合分享了一个还没有发表的观点，你听到后立刻把论文写出来抢先发表了。学者们鄙视“抢发”，就如同田径运动员鄙视“抢跑”一样。为什么“抢发”很卑劣呢？因为在科研领域，想法可以有很多，但是真正新颖而有趣的很稀缺。倘若有人无偿夺走别人最为稀缺、有价值的劳动成果，显然是不合适的。

读完《找到科研选题的 5 种办法》一文后，很多同学表示很有收获，但依然疑虑重重。他们觉得，那些大师的选题方法看着太高端了，自己与他们实在相距甚远，而从之后的实践结果来看，他们的选题思路确实还没能打开。

你可能读了很多文献，却依然不能得出自己的原创想法，因而除了低水平的重复，没有其他办法。有的本科生，甚至研究生都是这样。别人研究了 A 学校学生某某行为的影响因素，他看完以后觉得好，于是写了篇 B 学校学生某某行为的影响因素。他得出的结论跟别人的没有区别，运用的方法跟别人的也基本一致，只不过，他做研究的时间比人家晚了许多。这样的研究真的没有必要。它存在的目的就是应付差事，根本算不上科研。

不难看出，阅读文献和找到原创想法之间并不是简单的线性关系。但这其实也未必是坏事。有可能你读了上百篇文献，依然找不到方向；但同样有可能发生的情况是，你只读了几篇重要的文献，就找到了非常好的点子。你不要看完上面这句话就立即扔掉书本和论文，欢蹦乱跳地去“守株待兔”，等着优秀原创选题这个“大馅儿饼”从天而降，因为你大概率根本等不来“兔子”，也等不到“大馅儿饼”。

找不到好的选题，结果是什么呢？就是到了截止日期，只能提交糟糕的选题了。我每年都要带本科生写毕业论文或做毕业设计，今年这届学生把选题交上来，我一看真是哭笑不得。为什么？我就用一句话来形容吧——他们的选题都没有走出校园。他们的选题如下。

* 图书馆排位系统。
* 图书二手交易系统。
* 校园二手物品交易系统。
* 洗衣房定时提醒系统。

凡此种种，基本上就是在校园里画个圈，他们只在里面转悠，坚决不肯探出头。

我问他们能不能打开一点思路？他们选的这些题目，要么没价值，要么不可行，有价值又可行的也被别人做过了……

学生们是否知道这一点呢？当然知道。那些有关校园二手商品交易的选题，基本上就是把上一届同学的题目列表拿过来，改几个字。不过也有例外，例如"洗衣房定时提醒系统"之前我们系没有学生做过，于是我就让选了这个题目的学生直接去洗衣房问工作人员："我做的系统需要洗衣房提供相关的实时信息来提醒用户，你们能否开放数据接口？"结果被一口回绝。他很沮丧，回来问我："老师，我也做校园二手书交易系统行不行？"

我问学生能否把注意力移出校园，往外看看，他们双手一摊——老师，我们平常的生活就是四点一线：宿舍、食堂、教室、图书馆。

这些学生的毕业设计因为要做系统，选题相对贴近实际，结果都弄成了这样；其他学生做的毕业论文的选题更可想而知了。

下面谈谈扩展选题思路的一些方法。

直接法

所谓直接法，就是从你自己的体验和经历出发来选题。

好比你喜欢旅行，到了不同的城市，不同的机场、车站，你感觉当地的信息系统和服务流程有一些问题，严重影响了工作效率和用户体验，那么你就可以从自身感受到的这个痛点出发，尝试利用信息系统改进流程，完成“企业流程再造”。

要想用好这种方法有个前提，那就是你的自身经历足够丰富。古人讲的“读万卷书，行万里路”，说的就是这个意思。你要有亲身经历，才能从中发现真实的问题，从而更好地利用书本的知识。

我们来看看用自身经验选题的成功例子。

我们学科有位老师曾经为了查文献熬夜。有的人熬夜也就熬了，顶多发个朋友圈抱怨两声。他熬得非常痛苦且不情愿，于是脑海中突然冒出一个问题——别的研究者是不是也和我一样在熬夜？

这个想法，别人的脑海中没有闪现过吗？未必。即便是出于找找心理平衡的目的，恐怕大多数人也想过。但是这位老师不仅灵机一动，有了这个念头，还干脆放下自己正在熬夜做的研究，转而真的钻进去获取数据，探寻科研人员熬夜这件事。

文献数据库包含的数据信息其实不只是那些论文而已。作为一个操作系统，它需要有记录日志。打开 CNKI ，你可以看到每一篇论文的下载量，这些信息显然不是来自论文自身，而是用户的行为记录。很多文献检索网站的记录信息非常丰富，包括论文下载时间及读者所处的时区等。于是他想方设法搞到了这些数据。不看不知道，一看吓一跳：这种熬夜现象不但普遍，而且规律性强，但是不同的国家或地区之间，熬夜的强度差异很大。

他继续转念一想，既然搜集到了下载时间数据，为什么只盯着熬夜这一个问题呢？除了正常的工作日以外，周末时间科研人员下载文献的情况怎么样？午休时间呢？这样一扩展，他的思路顿时开阔许多。更重要的是，之前真的没人通过这种方法研究这件事，所以顺着这个思路做下去，他就遇到了“低垂的果实”——这篇文章后来发表在本学科的顶级期刊上，引用量颇丰。

这种抓住问题的敏感度和立即深入的执行力，你具备吗？其实你如果已经着手写自己的毕业论文，可能也早就开始在文献库里查资料了，但是，给你同样的场景，你能有这么强烈的研究敏感性，从而找出这么巧妙的选题吗？把这些问题想清楚后，你在做“日用而不知”的事情时，会更有意识地多观察和思考。

多年之前的电影《贫民窟的百万富翁》讲的也是这样一个关于“直接体验”的故事。电影的主人公是个穷人，参加了一档有奖竞猜节目。连主持人都在怀疑，一路正确答题闯关成功的他，是否使用了作弊手段。但其实没有，主人公只是在机缘巧合下有很多独特的经历，恰好了解那些看似困难的问题的正确答案。

这毕竟是电影，把许多矛盾冲突集中在了一个人的身上。这个故事写得非常精彩，充满各种巧合，但是一般人真有这样的机会，对每一件事情都自己尝试、摸索、体验，从而得到独特的经验吗？很难。

我们的直接人生经历，可能在选题的时候，未必刚好足够带来帮助。那怎么办呢？这就需要用到间接经验了。

间接法

人发明了文字系统，有了出版物流传下来。尽管我们每个人都只能活一辈子，但这并不妨碍我们从别人的书里借鉴他们的生活。“别人”既包括跟我们生活在同一时代的人，也包括古人。通过阅读他们写下来的这些东西，我们的生活将被大大地扩展。这样一来，你从经验上，就不止“活了一辈子”了。

所以，要读书啊！这几乎是最便宜的扩展人生经验的方式。你看二十四史里那些年纪轻轻就对重要趋势做出明智判断的人们，不爱读书的有几个？

可我发现，很多同学日常压根不读书，为什么呢？因为他们把大部分时间都花在一些从众追求时髦的事情上。比如，天天“刷”社交软件，或者看搜索引擎直接“投喂”的内容。至于短视频，简直是排名第一的“时间杀手”。新鲜刺激的内容会刺激多巴胺分泌，让人上瘾。这不难理解，但其实这只是问题的一个方面。还有的同学是被动“刷”短视频的——他们生怕自己不了解这些内容就会跟同龄人丧失共同语言，乃至被时代抛弃。但无论你是主动还是被动，时间都被这些“黑洞”吸走了，留给你读书的时间寥寥无几。

但是这实际上是非常短视的做法。举个简单的例子，如果你喜欢哈士奇，短视频应用可以接连不断地给你推荐很多可爱的哈士奇的视频。有同学曾经“刷”上两三小时，身心疲惫却依然如饥似渴。但是如果你既喜欢哈士奇，又愿意和同龄人聊天，那你不妨找到相关的书籍追寻哈士奇演化的路径，与他人聊天时你就会有更多谈资，时间的利用效率也会因此变得更高。

书到今天还能明码标价出售，就说明读者对它们的需求依然旺盛，也就是说有很多人还在坚持看书。很多人通过阅读提升自己，扩展直接经验不能触达的地方，他们可以在看待相同事物的时候，获得与其年龄不相称的成熟洞见。你看不到的痛点，他们可以轻易察觉。久而久之，你们之间的差距越来越大。于是他们在选研究题目时，可以轻易找到有价值又让人感兴趣的选题，而你只能围绕着校园里面那几座建筑物绞尽脑汁。

这里请你注意两点。

首先，我们所说的书，并不单纯指本专业的教科书或者专著。因为这些内容是你必须掌握的，但是它们很难给你带来“独特”的视角。你应该广泛阅读其他领域的书籍，面对同样的问题时，你的阅读积累会让你有触类旁通的奇妙体验，使你找到重要的选题如同“信手拈来”。

其次，如果你觉得读书只是单纯地阅读，那就大错特错了。你必须在读的时候记笔记。费曼说过：“笔记不是辅助思考的工具，笔记本身就是思考。”有的人智商超群，但是根据木桶原理，只有一块长板是不够的，还需要其他因素的配合，才能形成自己的独特竞争力，其中通过不断记笔记进行积累，是一个重要的习惯。

得到课程“科技参考”里，卓克介绍数学家拉马努金时提到：“拉马努金有记笔记的好习惯，他把大部分思考都记录在 4 个笔记本上……第一本 351 页，第二本 256 页，第三本散落了，只找到后 33 页，第四本直到他去世后 58 年才被人发现，散落了 138 页。”可见，即便是这样不世出的天才也要记笔记。

写论文的时候，人们往往习惯把自己前面绕的那些弯路都省略，一上来就以无端的猜测和运气，对后来找到的某某理论加以铺垫。高斯干这种事最为出名。同时代的数学家对此非常不齿，说高斯“每次证明一个定理的时候，都会像那个老狐狸走过林间，用自己的大尾巴把后面的痕迹扫得干干净净”。

看似玄幻的天才直觉，是天上掉下来的吗？不是。只有在阅读思考时做好笔记，有了足够的积累，人的思想结构才有可能变得更加复杂。在科研这件事上，“以简驭繁”只不过是传说。大家喜闻乐见，但未必真的作数。要想在这场竞赛中胜出，你的思维恐怕必须变得更加复杂才行。

更为重要的是，好的笔记不仅可以帮助你思考，触发你的灵感，也会极大减轻你后续的写作压力，让你写得更快，从而写得更加从容。从今天开始，践行“不动笔墨不读书”吧！

小结

本文继续深入讨论了选题时科研初学者容易遇到的实际问题。

我们的解决方法是扩展自己的直接经验和间接经验。因为科研工作只奖励先来者，所以你必须通过制造差异性来选出好题目。

这里尤其提示你注意读书对于间接经验的影响。读好书、跨专业读书、读书时充分做好笔记，看似很愚笨，实则是你成为科研高手的“终南捷径”。

03

与导师沟通论文选题的技巧

研究生要写毕业论文，确定选题是重要的第一环节。确定选题一般有以下两种方式。

第一种是导师直接布置。这种方法的好处是，由于导师对相关领域非常了解，布置的题目已经具备价值和研究必要性，研究生只要认真熟悉相关研究，就可以快速上手和投入了。

但是上面说的是理想状况。很多学生也许对导师指定的研究题目缺乏足够的兴趣。刚开始的时候，还因为新鲜劲儿，抱着试试看的想法接触和尝试，但是一旦最大的科研驱动力 —— 兴趣被消磨了，接下来便是放弃或消极怠工。

大部分导师往往也不大会把自己承担的重要课题里的核心环节布置给新研究生，因为万一做砸了，后果很严重。

所以，更多的情况下，你确定选题的方式是第二种，即通过文献研究向导师提交自己构思的选题。对导师来说，通过选题和执行情况也可以筛选合适的学生，将其逐渐纳入自己课题的重要任务。

第二种方式听起来皆大欢喜，是吗？但是现实情况哪儿会这么令人愉悦。学生和导师在选题阶段的聊天记录如同一幕幕“车祸现场”，着实惨不忍睹。

许多学生给导师发的信息是这样的：“老师，我看了 ×× 篇文献，决定选‘×××××××’这个题目，您看怎么样？”

导师不搭理你都是好的，很有可能一通暴风骤雨般的批评紧随而至。你或许觉得很委屈 —— 导师觉得题目不好，自己换不就成了？导师发什么脾气呢？然后隔了些日子，你又发了一条消息：“老师，我又看了 ×× 篇文献后，决定改选‘×××××××’这个题目，这回可以了吧？”

然后另一通批评又来了。几番下来，估计你的挫败感很强烈。若有一线之路，你真恨不得干脆不写毕业论文了；而导师那边，也早已气鼓鼓地把你放到“不靠谱”的分类里面去了。

究竟发生了什么？

初学者对论文选题的 3 个误区

实际上，你此时和导师的紧张关系，是由一些共同假设缺失造成的。

我来给你说说，你像上文一样联系导师时，导师是怎么想的。

* 你偷懒，没有好好读文献。
* 你选了题目，自己都不加以验证，直接把验证责任丢给导师。
* 屡教不改。明明告诉你不要这样草率选题和沟通，你还照做不误。

你看，他的愤怒是有原因的。在后文中我会告诉你，他期待你做哪些工作，以及为什么你无法跳过这些工作。

按下导师这边不表，我们来看看你的错误在哪里。

首先，你把论文当成了作文。这也不全怪你。因为你在多年的基础教育中所受过的有效写作训练，估计也就是写作文了。你从小学低年级开始写作文，一直写到高考。当然，整个本科阶段都缺乏写作训练可能导致你的写作水平与高中相比有所退步。

在你看来，写作文只要自己有话可说，能凑足字数，不就好了吗？虽说高考作文要求写 800 字，硕士论文要求写 3 万字，但是 800 字 40 分钟能搞定，算起来这 3 万字也无非是多赶几个通宵的事。万事俱备，只欠东风。你好像只需要过导师审定题目这一关。

但是写论文真的不是写作文。作文一般只有你自己和语文老师两个读者，你俩觉得过得去，写作目标也就完成了。写出来的东西别人爱不爱看，你可能压根没有操心过。但是论文不行，因为论文一定是写给别人看的，而且这个“别人”，还真不是随便什么人都可以。后文我会仔细讲解。

你觉得自己能七拼八凑，写足字数，这个题目可选。这是用垒鸡窝的经验去盖大楼，根本就不是一个路数。导师及时把你拦下来，真的是为了你好。

其次，你没有搞懂怎么验证选题。在你看来，选题是否合适，你作为新手，是没有任何办法可以检验的。所以你认为和你导师之间的合作关系，就是你提出选题，导师来验证。

那你就错了！在导师看来，你应该做的是提出题目和验证题目。

他默认你通过本科 4 年和研究生第一年的训练，已经掌握验证选题的方法，而自己该做的，是检验你的验证过程是否合理。所以你根本就没有做完自己该做的事情，只交了个半成品。在导师的眼里，你就是想偷懒。

最后，你没有学会如何跟导师沟通。人与人之间的合作需要以有效沟通为基础。有效沟通就是需要你明白，对方的信息需求是什么。

导师希望看到你通过使用合理的方法与步骤，选择并验证一个合适的选题，作为他后续指导和提出意见的基础。你应该仔细询问和倾听导师的意见，做下一步的修订。这样许多潜在误会也可以逐步化解。

可是如果你只是坚持自己的预设，根本没有找导师要反馈，甚至导师把意见明确传递给你，你还要选择全部忽略，继续我行我素，那你们沟通的结果自然会很糟糕。

针对上述容易形成的误解和困局，我写了这部分内容。希望它能帮助你和导师建立有效的选题沟通渠道，让你的科研工作开展得更加顺利。

与导师沟通前的准备工作

既然上文说了 3 种常见的误区，接下来我们就对症下药，一一解决。然而，要想做到和导师高效沟通论文选题，最要紧的不是凭空琢磨导师的想法，而是围绕自己的选题，做好充足的理论准备。

• 明确论文的潜在读者

我国有句俗语：办事不由东，累死也无功。

翻译成我们常听到的话就是“一定要理解你的客户需求”。要做到这点，你自然首先要明确你的客户是谁。在写论文这件事情上，你的客户就是你的潜在读者。

你的潜在读者究竟是谁？在这个问题上，许多研究生都踩了“坑”。我希望你能躲开。

你的读者不应该是普罗大众，甚至不是你的同学。有的研究生写的论文跟教科书似的。这是因为他们把读者设定为对某个主题没有概念，或者只有一知半解的人，把知识掰开揉碎，试图为他们解释某些基础的名词术语，以及公式推演的方法。答辩的时候，他们往往会被批得一塌糊涂，委屈不已。

你的读者也不应该是你的导师。把导师当成读者是长久以来的作文训练惯性使然。写作文的时候，你的读者除了自己，八成也就只有你的语文老师一个人，只要他看着顺眼，你的作文就能得高分。

但是，导师扮演的角色应该是你的顾问，甚至是你的论文合著者。你们共同面对的读者应该是本领域的“专业人士”。这些人受过长期的学术训练，因此不需要你给他们做科普。

你的读者不是你的导师。导师能跟你近距离沟通，所以他可以从文字以外，通过日常的交流讨论，了解你的构想、目标和困境。而这些，你的读者是通通看不到的。你必须完全用自己的论文来说服和打动他们。

可能你会觉得“专业人士”这个概念过于虚化，离你太远。那么你不妨设想：全系的其他老师就是你的读者。这样用户画像是不是就清晰了许多？

- 厘清论文的价值

明确了你的读者后，我们来看看论文该怎样满足读者的需求。

我一直用各种机会和学生强调，写论文最重要的绝不是格式、图表、数据，或那些令人眼花缭乱的数学公式…… 评判论文价值的标准是认知差。

什么是认知差？读者在阅读你的论文前后，对于你所探讨的问题，在认知上发生了变化，这种变化就是认知差。它可以是对读者原有认知的增加、删除或者修改。只有让读者产生认知差，你的论文才算是有用的。

怎么理解这 3 种变化呢？我们可以把论文看作学术界分布式知识系统的同步包，参照你在 GitHub 上可能看到的更新日志，其一般也就是提供了以下 3 种功能。

* 增加。也就是原先你不知道一件事，看了它之后你知道了。
* 删除。原先你认同一个理论，例如燃烧需要燃素，传递信号需要以太网，太阳围着地球转。现在有了新的科学结论推翻了这些理论，你就可以把这些谬误从大脑中删除。

* 修改。修改其实是前二者的叠加。先进行删除操作，再进行增加操作，只不过它们确实可以出现在同一篇论文中。那么这篇论文，你说它是单一的删除型论文不合适，是单一的增加型论文也不妥帖，所以它就叫作修改型论文了。

接下来我们通过具体的案例进一步理解这 3 种变化。

先说增加。假如读者不了解劳动环境的变化对车间生产效率的影响。有人做了一个试验，观察工人在不同光照条件下的生产效率，结果发现增强光照可以提升工人的生产效率。这是对读者原有认知的补充和增加，使其具备了认知差。

再说删除。有人做了上述试验后，将其整合成论文发表在期刊上，受到了广大读者的追捧。一时间，所有工厂几乎都选择提高照明亮度，以便提升生产效率。但是你觉得事情好像不是这样的，于是你也设计了一个试验。通过对比，你发现先提高照明亮度再降低，并未导致工人的生产效率同步降低。于是你也发了一篇论文，讲述自己的试验结果。由于你证据确凿、论证清晰，于是原先相信“光照强度影响生产效率”的读者，就从头脑中删除了这个认知。

最后说修改。假如你不仅发现了光照并不是影响工人生产效率的决定性因素，还恰当地指出了在试验场景中，工人所在的社会网络才是改变生产效率的关键因素，并且对你的假设加以验证，那你就是在修改读者的认知。

如果上述 3 种功能你的论文都无法实现，那么你的论文就无法使读者的认知结构发生改变。也就是说，你写或不写这篇论文，对读者来说没什么区别。你看很多论文做得像模像样，数据翔实、统计图表完整、论述逻辑清晰……但是，审稿人往往只对着结果，问一句话："So what?"

翻译成中文就是："那又怎样？"

然后就拒稿了。

一篇论文在形式上再完善，如果对读者的认知毫无影响，便没有意义，而搞研究、写论文是需要花成本的，没有意义的选题自然就不应该被通过。

- 验证自己提出的选题

了解了认知差这个概念，我们来看看如何应用。

在你选择了一个题目后，你需要验证它。验证时，你需要问自己以下两个问题。

* 你的选题是否会让读者产生认知差？
* 你的选题是否有读者感兴趣？

先看第一个问题。在认知差是否存在这件事情上，是"一票否决”的。如果你的选题无法让读者中的任何一个人产生认知差，这就意味着你的选题对读者来说没有意义。

你可能会说，虽然我要写的东西张老师全都懂，但是李老师不是这方面的专家，他就不一定都了解。那么，我的论文写给其他领域的专业人士李老师看，不行吗?

不行。这是因为，科学界的知识是分布式存储的。知识太多，任何一位学者的大脑都不可能将其完整装下。真正有能力评价你的论文选题是否有意义的人（把关者），恰恰应该是全心钻研这个主题的张老师，而不是钻研其他问题的李老师。

你可能会说：“我又不认识所有的学者，怎么可能了解每一个人的想法？”

当然能。因为迄今为止，所有研究的发表记录都在文献数据库里。如果在你能检索到的文献中，确实没有人提出过某种观点，那么你就可以默认，这种认知不存在于你的读者的脑海中，否则作为专业人士，他早就写论文发表了。此时，你就可以在读者的认知上进行增加操作。

同样，如果你的论文选题是要删除或修订某个现有认知，那也需要找到对应的文献，说明这个现有认知是学界的共识或至少算是主流观点。

所以要支撑你的认知差论述，你就必须了解和熟悉文献，而且是足够多的文献。许多研究生很容易犯的错误是，刚刚看了几篇文献，就立即觉得自己比它们的作者高明许多，跑到导师那里滔滔不绝，说可以如何如何修改，然后导师默默拿出一篇早就这样做了的文献给他们看。

文献那么多，怎么可能看得全？这时候，你就不止需要掌握高效读文献的技巧，还要善用工具帮助你快速扫描，避免出现这种遗漏与尴尬。这部分内容请参考文献篇 03——《如何用技术手段辅助你的文献阅读》。

另一个问题是，你会想当然地认为“提供了认知差”，而读者未必感兴趣。有的学生看到别人提出了某种模型，比如“网站的导航深度会影响用户的检索意愿”，觉得挺有意思，他进一步发现人家的试验只是在广州做的，于是欣喜若狂，立即决定在天津也做一遍，理由是“研究对象人群不同”。

前文我们提到过类似的问题，但是没有展开，这里我们仔细说说。假设你的试验结果和人家在广州做的没有显著区别，人家试验支持的假设，你的试验也都支持。这时候，你的处境很好吗？错了！你会很尴尬。这就如同人家提出了勾股定理，你也找了个特殊的直角三角形来检验，检验之后发现人家说得都对。作为验证训练，这没有问题，但是这值得你写论文吗？

此时你怎么办？换题目？似乎前期投入成本太高。不换？那你的论文对读者来说有意义吗？有人愿意看吗？

在一个理想的真空环境里，你的论文只要能提供认知差，也就算是具备了写作的意义。但可惜，我们生活在现实世界中。除了认知差，你还必须解决另一个问题，即你的读者会不会对你的选题感兴趣。

作为一个人，我们会对某些事物感兴趣，对某些事物不感兴趣，因为我们的时间和注意力资源都是稀缺的，不可能在这个大千世界里对所有事物都观察得面面俱到。看看你在抖音和今日头条上面的浏览记录，你大概就可以准确归纳出自己的兴趣点在哪里。

专业读者们也一样。通过文献的检索，你可以清晰地发现在本领域的某些主题上，人们投入了远大于其他主题的研究兴趣，而有些主题干脆无人问津。要想看到这种趋势，你可以使用 VOSviewer 或 CiteSpace 等工具（参考文献篇 03）来辅助自己。

多说一句，那些无人问津的主题未必一定没价值。对于科研老手，这里可能蕴藏着难得的机遇。但前提是，你耗得起，也输得起。

作为科研初学者，我劝你不要去碰那些无人问津的主题。没有相关文献的支撑，就如同在没有地图、没有路标的情况下，在一片陌生的土地上穿行。在这种情况下，你发现金山的可能性不是没有，但是你更有可能掉到大坑里去。

看到这里，你可能会觉得："王老师，你这是站着说话不腰疼啊！专业人士看了这么多年文献都还没做出来的优质选题，我怎么可能一下子选出来？"

你不要太小瞧自己了。每个人在这个世界上都是独一无二的。你有自己的成长经验和独特的观察视角，别人当了再久的专家也是无法替代你的。面对同样甚至是更丰富的信息，若没有你的成长经验和独特的观察视角，有的专家恐怕也只当它们是噪声略过了，而你却可能解析这种信息，甚至是迅速捕捉到机会。

这里我给你举一个现实中的例子，是我从梁宁老师的线上课程里听来的。17 世纪 70 年代，法国的一位妇产科医生在动物园里看到了小鸡孵化器。当时，这样的孵化器并不鲜见，别人看到了，也无非是看看而已。可是，因为这位医生有自己独特的工作环境和经验，看到孵化器便立即联想到，这东西既然能给小鸡提供适宜的生长环境，为什么不能给婴儿使用呢？

于是他主导开发了人类历史上第一款婴儿恒温箱。就这样体重过轻的新生儿的死亡率一下子从 66% 降低到 38%。

这个时代，信息不稀缺，数据也到处都是，而能正常分辨信号与噪声，以独特的方式解读信息，反而成了稀缺的能力。作为研究生，你不应该只把眼光放在文献上，因为在这种单一维度的比拼中，你大概率赢不了早早入场的前辈专家；而且再好的食物被别人咀嚼过，也就没有滋味了。

你要懂得如何充分运用自己的成长经验和独特的观察视角，通过扩展知识面的宽度，提升自己对信息的解读能力与敏感性。早日构建自己的多维度竞争力，用综合实力和合作能力来创造自己的竞争优势吧。

千万不要武断地判定，那些发生在你专业领域之外的进展和突破与自己无关。我虽然教的是图书情报学科，但曾经给自己的研究生布置过一个由历史、经济和哲学方面的书目组成的书单，希望他们能从这些看起来与专业无关的“闲书”中汲取养分。更有进取性的说法是，希望他们能“跨界”。

• 与导师沟通模板

当你经过验证，确认自己的选题让读者有认知差且感兴趣的时候，你就可以跟导师沟通选题了。前面讲过，导师的任务主要是检验你的选题验证过程，所以除了选题，你还要把验证的证据与思路等一并发送给导师。

说白了，这就是一份简明版的开题报告。但是如果你先写 1 万字再给导师看，那样沟通周期过长，效率也太低。船太大，遇到风浪就不好掉头。你写的东西太多，就算导师认为不合适，你一般也不舍得丢弃，这是典型的沉没成本效应。这种拖累可能让你犹豫不决，浪费你本来就所剩无几的宝贵的回旋时间，甚至给你未来的研究进程埋下隐患。

沟通选题的内容，既要是一份开题报告，又不能当真写成开题报告。这可怎么办？别担心，咱们当然有办法。我的处理办法是，要求学生按照以下模板提交选题。

* 题目：此处把论文题目完整列出，必须事先字斟句酌。
* 认知差类型：说明是增加、删除，还是修改。
* 说明兴趣：列出足够多的文献，说明学术界所关注的这个主题的相关问题。当然，也不妨使用 VOSviewer 或 CiteSpace 做出可视化结果。
* 根据不同认知差类型利用文献佐证。每一条文献都需要列出完整信息，最好做成表格形式；要是能把脉络绘制成一张图，就更理想了。

    • 对于增加型，指出自己的目的所在，列出之前方向的所有重要研究节点，按照时间顺序排列。明确说出目前的发展与自己的目的之间有什么样的差距。
    • 对于删除型，列出原始文献，并在后续将其作为基础文献，证明这是目前学术界普遍相信的主流观点，之后列出自己质疑的佐证。
    • 对于修改型，除了删除型里面需要罗列的内容，还需要加入准备借鉴的理论依据，或者来自其他领域、可以起到触类旁通作用的研究成果等。

* 指明自己准备使用的全部研究方法。注意这里要求研究方法必须与研究问题匹配。

* 说明自己目前的疑虑有哪些，可能遇到的最严重困难是什么。

当这些信息清晰、准确地传递给导师时，他就可以高效地定位其中的问题，并且衡量你选题的可行性了。这种方式看似非常笨拙，要花大量的工夫，但是它极大地减少了无效沟通的次数，可以帮你把时间利用到极致。

更好的消息是，高效的沟通与修改完成后，你可以轻而易举地把这个模板转化成最终版的开题报告。仔细看看开题报告让你填的那些项目，你可能不禁会心一笑。

小 结

科研初学者常常会对导师或论文有一些误解，例如把论文当作文，把导师当验证自己选题的帮手。

想要避免产生这些误解，科研初学者就要先对自己的选题做好充分的验证。首先学会定位论文的真正读者，明白专业读者才是你的“目标客户”，而非你本人、导师，甚至外行读者。其次要了解论文意义的评判标准。用认知差作为衡量标准，思考你的论文是否有写作意义，以及意义有多大。然后学会验证选题，从认知差与读者感兴趣的角度，审视你的选题是否合适。最后才是与导师进行沟通。利用模板，有效精准传递有用的信息，以便让导师用最短的时间帮助你找到可能存在的问题。

以上所说的经验，无论写本科毕业论文，还是硕士毕业论文都适用，二者之间的差别只是积累量和动力不同。总体上讲，研究生毕业论文积累更丰富、工作量更大、客观要求更高，于是平均水平更高一些。然而从个体来说，我真的见过有的本科生毕业论文的水平比一些硕士研究生毕业论文的水平更高。

希望这篇文章可以帮助你避免很多的挫折、返工与误解，高效完成自己的选题，写出高水平的论文。

04

4 个让你的开题报告不通过的原因

有一个学生来找我商量开题报告的事情，他说自己心里没底，不知道开题时，哪些问题会导致开题报告不通过。

在我们学院，开题报告的处理意见一般分为 3 等。

* 第一等是通过。这就意味着没有原则上的大问题，你可以按照开题报告里的日程安排开开心心地写论文了。
* 第二等是有条件通过或叫修改后通过。这说明你的开题报告存在问题，好在问题并不严重。你只需要根据开题小组各位老师的意见认真对照修改，就可以开始写论文了。你最好在修改后，将开题报告拿给开题小组的组长和导师看看，以便做到心中有数。
* 第三等是不通过，就是俗话说的“被毙掉了”。这是最糟糕的情况。它意味着你的开题报告存在严重的问题，必须大幅度修改，甚至全部推倒重来。如果有二次开题还好，至少你在近期

（一般是一个月内）还有一次尝试机会；如果没有，那就意味着需要明年再来开题，以至于延期毕业。

学生们最恐惧的，当然是最后这种选题“被毙掉”的极端情况。

那么什么样的选题会不通过呢？我总结了以下 4 个问题，用通俗的语言介绍，比较好记。

* 出了圈儿。
* 没价值。
* 不必要。
* 不靠谱。

下面我们一一说明和分析。

出了圈儿

所谓“出了圈儿”，就是你的选题不在本专业领域范围内。

虽然人类的知识是一个整体，但还是有专业之分的。如果你不需要学位，那可以根据自己的兴趣，研究世界上任何有趣的问题。几百年前的那些博物学家们，走的基本上是这个路数。然而如果你当前的目标是拿下某一个学位，那你的毕业论文的选题就不能偏离专业领域这个范围。

跨学科或交叉学科的研究是值得提倡的，但是必须体现本学科和其他学科的交叉，而不能完全做其他领域的研究，毫不涉及本专业领域关心的问题，或毫不应用本领域的特色研究方法。

举个例子，假如你研究的是信息管理，你大可以在问题的研究过程中使用计算机学科的相关研究成果，比如数据挖掘、数据可视化、机器学习，甚至是深度神经网络；但是如果你的研究只是帮助了计算机学科改进底层算法，或者做了个比 Linux 更好的开源计算机操作系统内核，那么即便你的研究贡献很大，你也只能去申请计算机系的学位了。

选题出圈儿，是开题报告中最为严重的问题，这类开题报告一般会被直接“毙掉”。

怎么才能保证选题不出圈儿呢?

你需要了解学科的边界在哪里，最主要的方式是阅读大量的本领域文献来清楚感知。可是有的时候，前沿领域的研究缺乏足够的前导文献佐证和参考，这时你就只能请教专家（例如你的导师）为自己的选题把关，这样才能做到心中有数。

另外，如果本学科有广泛适用的应用型研究方法，也可以放心使用，而不必担心出圈的问题。例如图书情报领域有个研究方法叫作文献计量。目前学术界默认的是，只要你用了文献计量，那么计量对象无论是哪个领域的文献，选题也可算在图书情报研究的圈子内。所以，你时常可以看到许多图情专业的学生喜欢拿着这把“锤子”对各个领域的文献虎视眈眈，到处找“钉子”砸一下。

不过我要提醒你，这样做虽不必担心选题出圈儿，但还是要小心后面几条。

没价值

科学研究是要投入资源的。你的时间、注意力、金钱、设备、社会资本（例如时常需要请教朋友或咨询专家）……这些都是宝贵的资源，投入了就需要有产出。如果你把资源投放到没有价值的问题上，那就是暴殄天物。

开题小组如果认定你的研究题目没有价值会果断叫停，这实际上是为你着想。

什么样的问题有价值？简单的解答就是，这世界上除了你，还要有至少一个人真正关心你的研究结果。在经济学里，这叫需求。

近年来，生物医药领域为什么那么火？为什么河北某高校老师一篇基因编辑的论文无法复现，就引起了那么大的争议？因为生老病死和我们每个人息息相关，得病了我们就需要治疗，而绝大部分人更渴望健康长寿，所以如果你的研究如果能提升 1% 的疾病治愈率或延长 1 年的人类平均寿命，其中的价值就不言而喻了。

相反，如果你做出来的东西没人想了解结果，那就要思考它是否有价值了。

你可能会辩称，有些人会领先于时代，其研究的问题在尝试前根本就没有人想到过，当然也就没人关心。例如爱因斯坦的相对论在提出时肯定不会被大众认为有价值，就连能看懂的人在全世界都屈指可数。先驱研究者完全可以通过研究激发和创造需求。就像现在，相对论早已进入大学甚至中学的物理课本，人们在探讨星际旅行、穿越的可能性时，总会把它挂在嘴边。

你举的这个例子没错，确实有些天才的创造成果领先大众很长时间，也有可能被忽视和误解，但是不妨请你用贝叶斯公式来分析一下，作为一个还没开题的学生，你做出上述完全超脱时代、令所有人惊艳的研究，可能性有多大？

更多的时候，不被别人看重的研究，是确实没意义，甚至很无趣的。例如，你非要将“存款数额与利息收益相关性研究”当作论文题目，你想研究什么？直接查银行利率，做个简单的乘法不就完事了吗？

不必要

当找到一个没有出圈儿而且很有价值的问题时，你可能会欣喜若狂。结果开题时，组长淡淡地问你一句：“某博士 2015 年发表在

× × 期刊上的那篇文章看了吗？”

你没底气地回答：“没有。”

组长只能无奈地说：“你的研究问题他已经完美解决了，重新选题吧！”

你看，别人先你一步，把你打算研究的问题做完并且发表了，那你还做它干什么呢？这样的选题，就是“没必要”的。

想想看，为什么开题报告里一定要有国内外研究现状综述呢？是为了放在那里显得字多，而且有一堆标注映衬得开题报告“高级”吗？当然不是。为了写这部分内容，你就要读相关文献。读了文献，你自然就应该了解自己提出的问题是不是已经被别人解决了。

问题来了，为什么同样写了文献综述，有些人却依然把别人研究过的问题提出来作为自己的毕业论文选题呢？原因是“丰富多彩”的。

最常见的原因，还真不是学生胡乱应付，而是许多相关的文献他们根本就没见过。这是为什么？他们明明在图书馆里，天天从早到晚很认真地看文献啊！

有的同学确实一直在认真看文献，不过他只是在看中文文献。许多学生做研究，只在 CNKI 上用中文关键词找论文。只要 CNKI 上查不到的文献，他就视同不存在。2000 多年前，我们老祖宗就用成语给这种做法起了个名字——掩耳盗铃。

他们为什么不读英语文献呢？因为看不懂。

要想了解选题的必要性，就必须全面读文献。你对该领域越是了解，对选题的把握就越好。对绝大多数专业的科研人员来说，英语文献的阅读必不可少。前面入门篇里，我们已经谈过英语学习的重要性，这里也印证了前文的论述。

好好学英语吧！

不靠谱

有时，你会看到选题研究的本专业领域的问题，大家都关注，没人完美解决过，可选题依然被“毙掉”了，这又是为什么？

因为选题不靠谱。

所谓不靠谱，就是指老师们不认为在你读研的后一两年（考虑到毕业年级学生有找工作的压力，这个时间还要打折扣）的有限时间内，你能顺利完成研究。不靠谱的问题主要有以下类别。

* 题目过于庞大。
* 方法太复杂。

* 数据难获取。

最常见的问题是研究题目过于庞大。“企业信息化发展策略研究”“中国城乡信息鸿沟对策研究”这样的选题，若干本大部头著作都做不完，你用一篇硕士毕业论文就想搞定吗？

这就是为什么导师在指导你选题时总会提一句“要具体”。

足够具体的选题必然会显得“小”。但是这不要紧，作为学术训练的一部分，你应该从易到难、从小到大。不要一出手就恨不得来个“排山倒海”，反之更常见的情况是把“眼高手低”4 个字暴露无遗。

还有一种不靠谱是研究方法过于复杂。

当然，这是相对的。有的人，例如我们在前文提到过的保尔 · 帕夫罗教授能把 10 余种常见的研究方法应用自如，所以他自己发表过的文章放在那里就可以自成体系。对于帕夫罗教授来说，这些方法种类多到令人目眩，但确实不算复杂。

可对你来说就不一样了。如果你的研究也需要调用多种研究方法，例如同时集成结构方程、深度学习和复杂系统仿真……那老师们可能要好好回顾一下你的简历了。你要拿出足够多的证据（例如专业证书和发表记录）才能说服老师，让老师信任你在研究生学年剩余的一年时间里，在应对就业或升学压力的同时，还可以游刃有余地完成这么有挑战性的研究。

更多的情况下，列出那么多的复杂方法，是因为学生对相应的研究方法缺乏了解，只是听说了一个名词，觉得时髦（甚至足够"唬人"）就用上了，还言之凿凿，觉得使用这些方法很有道理（而且很酷）。结果选题被否定，被要求重做，他们才追悔莫及，解释说"其实只需要做问卷调查就够了"。

有的人使用的研究方法并不复杂，但是需要用到非常难以获取的数据。这同样也是不靠谱的体现。

虽然如今是大数据时代，但是科研数据依然是宝贵资产，并非每个人都可以全部采集到。你看到别人的论文用到了某个社交网站的用户注册数据和私信交流文本（当然已经做了匿名化处理）就兴致勃勃，也把这些数据当作研究对象，可是等你真正做到那一步才明白，平台根本就不会向你开放这些数据。别人能用，可能是因为在特殊的时段有特殊的机缘和人脉。时过境迁，数据管理的规则和法律早已完善，这些数据无法被你使用了。

怎样避免选题不靠谱呢？那就是要有前瞻性。选题时往后多想一步，尤其是想想那些具体的步骤、流程和方法。更好的办法是简单做个小规模尝试，看数据能不能获取，方法能不能应用，以及写下的文字能否自圆其说。开题的时候如果能反馈这种小规模测试的结果，导师一定喜闻乐见。

小 结

以上我们列举和分析了 4 个开题报告中常见的严重问题。

- **题目出圈儿太恐怖。你需要读文献来了解学科边界或请导师等专家把关。**
- **题目没价值很糟糕。你需要从文献或对工作、生活的观察中了解真实的需求，保证你写出来的东西至少有一小部分人愿意了解。**
- **选题不必要最尴尬。一定要认真掌握相关研究，特别是不要遗漏外文文献中的前沿研究。**
- **选题不靠谱难执行。缩小题目、具体化，使用合适、自己能掌握的研究方法，不要忽视数据的可得性。**

希望你在准备开题报告时可以避开上述这些“坑”，顺利通过。

开题报告中还会有很多其他的问题，例如技术错误（错别字、语病）、内容不全（有人居然会遗漏某个部分没有写）、格式不规范（明明有模板）……本文没有详细列举，因为这些都是可以轻易避免的问题，没有做好大多是态度问题。

戒之，慎之！

你在写开题报告的过程中，有没有遇到过本文提到的常见问题？你是如何解决的？以你的经验，开题报告有可能出现的严重问题还有哪些？

文献

篇

学术写作五步法

如何从零完成高质量论文

01

高效阅读文献的流程

做研究少不了读文献。如果你不了解一个领域已经被研究成什么样了，又如何找到自己研究的切入点呢？可是，对于许多初学者来说，读文献是件痛苦的事情。他们匆匆忙忙开始，在 CNKI 用关键词搜索出一堆文献，下载完成后，就打开第一篇，从头到尾逐字逐句地读起来。

读完一篇放到一边，再读下一篇。读到后面，发现前面读的文献已经遗忘。于是回过头去再读一遍。这还只是中文文献，那英语的……如果你有无限的时间和注意力，这样做也没有什么大问题，大不了就是读的时间比较长，效率比较低而已。

然而，作为一名研究生，你非常清楚自己的时间是稀缺资源，你的注意力是更为稀缺的资源。面对稀缺资源，不能如此草率。

读文献的时候，要提升效率，你需要做以下 3 项工作。

* 选择合适的文献，确定阅读的优先顺序。
* 即便对筛选过的文献也要以正确的顺序阅读。
* 用恰当的方式记笔记。

本文就以上 3 点，分别给你介绍一些方法、技巧与工具，希望对你（科研初学者）有所帮助。

如果你不是初学者，那就不必往下读了，赶紧抓紧时间读文献去吧。

选择合适的文献

从许多相关文献里，选出值得读，甚至该优先阅读的，不是一件容易的事情。你要了解如何找到相关的文献，还应该纵览领域的全景，看哪些文献更受同行青睐。筛选后的结果（在数量方面）依然很多，你还需要区分文献的价值（靠谱程度）。

在后续内容里，我会给你介绍一些工具，帮助你更高效地过滤文献，但大多数情况下，经工具筛选后的文献你依然不应该全读。千万不要以为印成铅字的都是宝贵的知识。我给学生的建议是，根据文献载体的“靠谱”程度区分优先级。不同的文献载体在“靠谱”与“不靠谱”的两极之间，形成了一条光谱。

光谱的一端，优先级最高的是顶级期刊，例如你耳熟能详的《科学》（*Science*）和《自然》（*Nature*）等。除了这类“神仙”级别的期刊，各领域也都有公认的顶级期刊，你可以自己在搜索引擎中查找或者向专家请教。

而光谱的另一端，排在靠谱程度最后一位的是本科毕业论文。这里必须再度澄清，本科毕业论文中当然也有非常优秀的作品，但是作为一个整体，其中不靠谱论文所占比例真是高到难以忽视。造成这种结果的原因多种多样。本科生缺乏研究经验、知识储备不足等是重要影响因素，但更要紧的是本科生写毕业论文时态度不端正的问题。不夸张地说，很大一部分本科毕业论文都是在截止日期前的最后几天（甚至若干小时）突击而成的结果。这样的论文质量可想而知。

别误会，我所说的本科毕业论文质量问题，并不只是指国内的情形。蒂姆·厄本（Tim Urban）在自己的 TED 视频里就讲述了自己的毕业论文写作过程，该视频有中文字幕，语言风趣幽默，你可以到视频网站里检索出来看看。

古人说：“取法乎上，仅得其中；取法乎中，仅得其下。”

想想看，如果一名研究生写毕业论文的主要参考资料都是本科生的毕业论文，这篇论文的水平大概会如何？每当看到学生放着优秀期刊的文献不去阅读、分析和引用，反而在参考文献列表中掺杂大量的学位论文时，我都会要求其重做文献阅读。

以正确的顺序阅读

至少目前机器还无法替你阅读文献。读文献虽然辛苦，但你还是要自己来。不过，使用正确的顺序来阅读文献，可以让阅读过程事半功倍。写作本文时，我参考了明尼苏达大学彼得 · W . 卡尔（Peter W. Carr ）教授的视频教程。你可以在视频网站上检索并查看该教程，也可以看我在下文中给你叙述的教程的关键内容。在叙述中，我也会加入个人的思考。

卡尔教授多年来和学生合作研究，积累了丰富的文献阅读和写作指导经验。做这个教程时，他和团队已发表论文 300 余篇，获得过很多的荣誉和奖项，你可以到明尼苏达大学官网上查看具体信息。

卡尔教授强调："读文献'不要一字一句，从头到尾线性阅读'。"

史蒂芬 · 平克（Steven Pinker）在《风格感觉》一书中也指出：写作是个把网状的思考用树状的语法结构转换成线性字符串的过程（参见书中"思维网 · 句法树 · 词语串"一章）。阅读的目的定然不是重复记忆那些线性的字符串，而是还原作者的网状思考并且对其进行加工。你可以放心大胆地调整阅读顺序。不用担心会被"剧透"，文献不是侦探小说，提前知道结果不会影响你阅读的心情。

不线性阅读，那该以什么样的顺序读文献呢？卡尔教授给出了下面这样的文献阅读顺序。

* 首先读题目、关键词和摘要，浏览这些后决定要不要继续读。
* 然后读结论，通过结论看这篇文章的内容是否是自己感兴趣的。

到这里，似乎平淡无奇。许多文章、书籍也会告诉你上述知识。但是卡尔教授强调：“你可以随时停止阅读一篇文章，甚至丢弃掉。”我对此的解读是，读文献一样要遵守经济规律，不要试图去打捞沉没成本。在已经不看好或者不感兴趣的文献上投入更多时间是不明智的，可是很多人都没有意识到这一点，导致读文献的过程不但辛苦，而且非常痛苦。

许多文章会告诉你，读完上述内容后，应该去读引言。但是卡尔教授说：“不要这样做，你应该先看图表（如果有）。”

这阶段，你应该只看图表，不要逐字阅读图表的上下文语句。图表是否吸引你的注意力，直接决定你要不要走下一步——读引言。我很赞同这种顺序，因为引言的主要作用是强调文献研究主题的价值和必要性，会尝试将文献与更为宏大的图景、更重要的问题联系起来，有的难免会有“吹嘘”的成分；反之通过研究主体中的图表，却可以实实在在看出一篇文献对某个问题的研究实际偏向于哪个方向，以及前进了多远。

读过图表和引言后，你才需要读文献的核心部分。核心部分是哪里？不是实验设计，而是研究结果和讨论。

论文写作初学者往往在做出图表后欣喜异常，居然没有写任何分析性文字，就高高兴兴地直接在图表下方写结论。虽然“一幅图抵得上千言万语”，但是你的图表结果真的这么不言自明吗？

对研究结果的探讨要解答读者可能存在的疑问，并且从实验结果中挖掘全部的蛛丝马迹，这才是见真功夫的地方。即便是面对同样的资料，有的人挖掘与分析出来的内容也比别人丰富许多。如果你有空闲时间，可以读读马伯庸的《显微镜下的大明》一书，从娓娓道来的文字中，看看简单的史料可以被剖析到怎样的深度。

只有认为作者的讨论部分有价值时，你才真正需要去阅读文献里面最为困难的部分——实验。这一部分，你要从头到尾仔细读，速度肯定要慢下来，花更多时间；而且对某些重要实验过程，你甚至需要花时间去尝试复现它们。从追求效率的角度看，只有真正有价值的事情，才值得你这样耗用自己宝贵的时间。

用恰当的方式记笔记

许多人读完文献就认为万事大吉了。不对！你已经用了这么长的时间来阅读文献，那就要把时间的价值保留住。

有的人说，自己脑子好，过目成诵，都记住了。不过科学研究证明，人脑的记忆能力其实远没有你想象中的好。卡尔教授强调，你需要及时记下笔记。他甚至特意引用了我国谚语“好记性不如烂笔头”。

你可能认为记笔记很容易，但注意卡尔教授提出的笔记标准：“以后你只要看笔记就可以了，文献就不用再看第二遍了。”肩负这么重要的使命，可就不是一般的笔记了。在尼克拉斯·卢曼的分类体系中，这种笔记叫作文献笔记。

对这种记笔记的方式，万维钢先生在他的博文《用强力研读书》中是这样描述的：“我曾经听过一个笑话，说我们是怎么向别人学习的呢？我们就如同小偷一样到别人家里把厨房水槽之外的其他东西都搬走了——然后我们回过头去把厨房水槽也搬走了。”

记笔记，方法固然重要，工具也很关键。很多人喜欢记在纸片上，记完就丢弃了；有的人虽然用了笔记本记录，但是记满几本后，想找到某个内容也很困难。移动互联网时代，不要使用这种过时的方法。

你可以直接用数字化方式记录文献笔记。例如我喜欢使用付费软件 MarginNote2 Pro 这款文献阅读与笔记工具，配合 Apple Pencil，在做笔记时可以找到在纸上写作与绘画的感觉。

与纸笔笔记相比，数字化文献阅读笔记的存储和检索效率要高出许多。只不过，你需要注意整理笔记，例如把在 MarginNote 中的涂鸦导出到更强大的笔记管理应用中。这样将来找寻笔记时会更加方便快速。别着急，后文我们会介绍一些好用的笔记工具。

如果文献中有一些新概念，你不理解，没关系，也记下来。不要尝试当时解决，因为那样会破坏你阅读的整体感和记笔记的流畅度。搞定一篇文献的笔记初稿后，你再根据记下的这些疑问要点，按图索骥去查找相关的信息。这些信息应该有助于你消化和理解新知识。在后面的内容中，我也会具体介绍如何解决文献读不懂的问题。

前辈学者记笔记时，并没有如此灵活强大的数字工具。他们当初为了达成“记好文献笔记”这一目标，花费了大量的时间来整理索引卡片。而对于你，达成同样的目标只需要点击几下鼠标，是不是感觉很幸福？

小结

总结一下，如果你想高效地阅读文献，首先要选择合适的文献，确定阅读的优先顺序。你需要分清不同文献的类型和价值，在有限的时间内，优先选择可能最有价值的文献。

其次对筛选过的文献，应当以正确的顺序阅读，不要“眉毛胡子一把抓。”从最感兴趣的地方开始，把最困难、最耗费时间的部分放在最后。阅读中随时准备退出，以免踩“坑”。

最后，用恰当的方式记笔记。强力研读的笔记可以帮你把一篇文章的重要内容全部“偷走”。用合适的笔记工具来记录和整理笔记，不仅会让你的记录事半功倍，而且能帮你在写论文时文思泉涌。

你平时是如何读文献的？你在文献阅读的过程中遇到过什么困难吗？你是如何解决的？你有更好的文献阅读方法与技巧吗？

02

文献读不懂怎么办

文献读不懂怎么办？悄悄告诉你几个窍门。

做科研不能不读文献。我见过不少研究生读文献读得愁眉苦脸的。这其中自然有拖延的影响，例如导师布置了两周后讨论的文献，你原本可以每天抽出时间慢慢消化，可你非要拖到截止日期的前一天晚上才打开看，希望毕其功于一役……这显然是态度问题。

但不可忽略的是，有些同学真的不是态度有问题，而是方法使用不当——他们喜欢跟文献"死磕"。

读不懂就一遍一遍反复读，试图从字里行间悟出精髓。这可能是为了遵从那句古训："书读百遍，其义自见。"且不说这样最终能否走通，只论这个过程就很痛苦，而且事倍功半。

有的同学对着一篇文献发愤了几天甚至是几周，依然看不懂。那种挫败、沮丧，别人看着都觉得难受。问题究竟出在哪里呢？

我在《与导师沟通论文选题的技巧》一文中讲过，一篇合格的论文就是传递认知差的载体。

更进一步，不断涌现的文献其实就是学术界的升级包。你不断读文献就是为了跟学术共同体保持同步，但是只有你跟这篇文献所依赖的那些基础知识同步后，安装这个升级包才有意义，也才能水到渠成。而对着文献发愁的你，无论出于什么原因，显然都不大具备这个新升级包（文献）的安装条件。

所以你需要做的不是跟这篇文献较劲，而是尽快补充调整自己的知识架构，使得这篇文献对你而言是可以兼容并拿来升级的。

论文罗列的参考文献可以作为你补充基础知识的一个有效途径，毕竟这是作者亲自为你指明的路径，如同给了你一张标出路线的迷宫地图。这就是为什么许多优秀的博士生都要在毕业之前阅读数百篇文献。

读过那些文献后，你再看新文献就会很有感觉，一下子就能找到方向，看到新文献的优势和弱点，因为这时候你已经是个“专业人士”。

但对于初学者而言，你要先树立自信，而不是用一种近乎闭卷考试的方法挑战自己。电视剧《大染坊》里面有句话叫“做买卖不怕赔钱，但是怕刚开张的时候赔钱”。这话是有道理的，因为“贫穷陷阱”曲线上有多个均衡，所以刚开始的挫折很有可能就让你一蹶不振。同样，做科研也不怕面对困难，但在初始阶段还是要给自己降低一些难度。

许多时候，你要读的文献来自陌生领域，你没有那么多的时间一篇篇地去“啃”、去挖掘。

假设你的研究方向跟自然语言处理或者深度神经网络无关，但是你最近在学术研讨会上听同行说到了一个神奇的东西，叫作 BERT 。你自己学科领域里面的很多人都在谈论它。他们用上了 BERT，可以高精度、自动化处理很多从前只有人类才能处理好的文本处理工作，例如情感分析、智能问答等。见他们发表了很好的论文，你也想一探究竟。

你找到 BERT 的原始论文，它就托管在预印本平台 arXiv 上面，可以免费下载和浏览，但是一打开你就晕了。论文中出现的术语，例如“微调”（fine-tuning），以及复杂的插图，让你一点头绪都没有，你看都看不懂，更别说使用了。这可怎么办？

其实要读懂文献是有不少窍门的。你可以善用许多从前不曾想到或是忽视了的资源，帮助自己消化和理解文献中令你感到困惑的部分。下面我一一讲给你。

PPT

俗话说，解铃还须系铃人。如果你觉得作者在论文中使用了很多公式而且表达晦涩，那很正常。因为要发表论文，作者只需要顾及审稿人和领域内小圈子专业人士的阅读感受就可以了。

为了提高表达效率，他就要用术语；为了表达精准，他就要用公式。用术语，就是压缩；用公式，就是加密。所以，对于正式发表的科研论文，我们不妨将其看作一个加密压缩包。

因为被加密压缩过，所以论文变得很安全，只有内行人看得懂，而不会引来很多外行人抬杠；同时它也变得高效，因为压缩了所有冗余的信息。但这样会让这个领域的初学者读不懂，你要先解密再解压，然后才能看懂。可你的问题在于，你不具备解密和解压的能力。

好在每一个作者都要同时面对两件事情——共识与知名度。共识是指别人承认他，知名度是指别人喜欢他。这两件事情对优秀的学者来说都很重要。既然要提升知名度，他就不能只埋头写论文，他还要出席一些会议、做报告和开讲座。

面对大领域同行，论文作者要把一件事情说清楚，就不能再用那么多的术语，必须考虑听众的感受。这时候，他可能更多地使用描述性语言、生动的例子，甚至更吸引人的内容，例如视频或者动图。

这些会议的 PPT 很多是公开的，所以你不妨搜搜看。例如，你在搜索引擎里面搜索 BERT 那篇论文的第一作者雅各布 · 德夫林（Jacob Devlin），加上 BERT 这个关键词，以及把资源类型指定为 PPT 后，你就能得到很有趣的搜索结果了。

其中一个搜索结果，是雅各布 · 德夫林在斯坦福大学做演讲时用的 PPT。在这里面，雅各布清晰地定义了问题，并且梳理了各种对 BERT 原始论文疑问的解答。特别地，雅各布还使用了更多的图形来对比 BERT 和现有技术之间的差异。

通过 PPT，你可以把论文中很多没有能够展开的问题或者许多作者认为小领域同行默知默会的知识点都了解清楚。看了这些补充资源再回去读论文，你就会感觉它更加清晰了。

图文

在前面的例子里面，我们很幸运，一上来就找到了论文第一作者的 PPT。可如果没有那么幸运，我们找不到作者的 PPT 或 PPT 内容不够详尽，导致你认真看过后还是没能很好地理解论文的内容，怎么办呢？不必气馁，这很正常。

我们前面描述的只是通则，假定作者面对一群不同背景的听众时，他的 PPT 会做得更加深入浅出，以调众口，这很合理，但有些作者会不分场合地跟你展示数学功底，例如他会指着一个包含超过 30 个数学符号的长式子兴奋地说："看，结果就是那么显而易见！"

这种情况下，你也不必气馁。如果作者的工作足够重要，很快会有人站出来帮大伙儿做解密和解压工作，也就是"科普"。目前学术界有几个科普文章和教程聚居地，其中我最喜欢的一个是一个名叫 medium 的网站。

BERT 的论文发表出来不久，你就可以在 medium 网站上面查到关于 BERT 的详解博文，其点赞数量极高。随后，因为许多与 BERT 类似的 Transformers 模型竞相出现，这些新模型的系列教程也很快就出现在了 medium 网站上。

例如在 2019 年 2 月发布的《BERT 中的嵌入层是如何实现的》（How the Embedding Layers in BERT Were Implemented）一文中，作者用一张手绘图就把 BERT 为什么使用 3 种不同的嵌入层讲得一清二楚。

这些文章，可以让你以一个感兴趣的旁观者角度迅速建立对相关概念的基础认知。有了这些基础之后再去读原始论文，你会感觉轻松许多。

视频

如果足够幸运的话，除了上述图文教程，你还可以找到很好的视频教程作为补充学习资源。更好的消息是，这些科普和讲解类视频不少还是免费的。

例如 BERT 的论文发表后不久，就有不少人干脆直接发视频给大家讲清楚。你可以到国内主流的视频网站中搜索，许多人工智能领域技术的中英文讲解视频都有，而且排名靠前的这些视频往往都品质精良，能让你迅速了解 BERT 这样的人工智能前沿技术的来龙去脉。

只不过视频资源多了也会带来一个麻烦——如何选择呢？在同等条件下，我个人比较推荐那些大学教师做的视频。这并不是我偏向同行，而是我深知教师所受到的最宝贵训练绝不是什么师资班的培训，而是上课时收获的学生反馈。因为总是给学生上课，大学教师会明白学生的关注点在哪里，会忽视或者错误理解什么，从而可以有的放矢地强调某些东西，帮助你轻易避开很多认知误区陷阱。举例来说，李宏毅老师讲的 BERT 介绍就称得上深入浅出、形象生动。另外，对于部分同学来说更好的消息是，李老师的教程还是中文的。

课程

有的时候你会发现，虽然某些令许多人关注的焦点内容（例如BERT）会有这样多的图文教程和视频教程可供学习，但是若你想仔细了解一下论文里出现的其他技术以便对比，就未必有这么多的资源了。

不论写图文教程还是做视频教程都需要较高的成本。人们往往更乐意展现和谈论比较热门的内容，而对于一些相对不那么热门的概念或者知识点，任你在各种平台上辛苦搜寻，也很难有收获，更有甚者，还会被很多噪声干扰。这时该怎么办呢？其实我们要审视自己找资源的地方对不对。资源获取途径出现偏差，就如同鱼在河的东边，你却非要在河的西边钓一样。

要系统地学习相关知识，你可能完全没有必要在通用平台上费心查找，可以通过在线课程网站快速概览。这样不仅成本低，而且学习效率更高。有的同学一听课程就会想到慕课等较大的平台。实际上，这也是一种误解和偏见。

假如你打算回顾一下自然语言处理近几年的发展与技术应用，选择 Coursera 或者优达学城也是一种不错的办法；但你如果喜欢更灵活地学习机器学习与自然语言处理知识，也可以直接到对用户更加友好的 fast.ai 网站上面查看相应内容。这个网站的特点是快速迭代，紧贴前沿，而且刚好有一门自然语言处理课程，内容非常新颖。

这门课程自然也包括 BERT，同时囊括了 ULMfit、GPT-2 和 XLNet 等相关技术。fast.ai 上的课程以写代码（而不是先学习数学公式）来帮助学生快速理解不同技术的发展；逻辑清晰，让你一站式了解领域里面最重要的内容有哪些，特别是最近发生了什么有意思的事情。

代码

提到了 fast.ai 课程里面的“代码优先”，咱们就多说几句。fast.ai 网站创始人和主讲者之一杰里米 · 霍华德（Jeremy Howard）在他的课程里面一直强调，对于技术类的问题，代码比公式更重要。描述一个算法，你用公式当然没有问题，但如果你能把它写成代码而且正确运行，那想必你是真的懂了。

同样，现在我们看很多论文都配有代码。如果你读论文时，只阅读公式看算法，搞不懂究竟是怎么回事，完全可以去看看论文配套的简单 Python 代码。

还是说回 BERT，虽然你在论文里面能够看到各种图形，但是可能还是不知道如果打算做一个分类下游任务，该怎么给你的输入文本做编码。这时候，如果你去读配套的源代码，效果就大不相同了。

不过需要注意的是，这里我不是让你去读最初论文的源代码。因为那些代码是基于 Tensorflow 1.x 版本写的，理解起来不够直观。你完全可以去读 PyTorch 代码，它读起来直观清晰，更舒服一些。有“好事者”早已把 Tensorflow 上的各种 Transformer 模型都搬到 PyTorch 上。这个叫作 Transformer 2.0 的项目仅仅上线一年后，便在 GitHub 上有了上万颗星。

在论文里，BERT 模型输入文本的预处理图形比较抽象。你可能会很疑惑，模型里面那些特殊的字符（token），如“[CLS] ”和“[SEP]”，究竟该如何设置，如何发挥作用？看一下 Transformer 2.0 项目里的代码示例，你就会恍然大悟。

只有真正看了代码仓库里面的示例，你才会了解 Transformers 这个项目为什么会这么火。你可以仅仅用十几条语句就完成一个经典的文本分类任务。于是你也就明白，在自己的研究任务里面，使用最前沿的自然语言处理技术根本就没有之前预想得那么困难。

小 结

本文我们以 BERT 为例，讲述直截了当地阅读科研文献时遭遇困难的原因，以及你可以求助的免费资源和路径，它们包括但不限于以下内容。

- **PPT。作者用 PPT 和听众沟通的时候是要在一定程度上放弃术语和公式所带来的便利的。这就给了你一个听懂的机会。**
- **图文。对于一个大家都认为有用，但是学起来很困难的知识点，你可以在主流技术博客平台上找一找相应图文教程，很可能有惊喜。**
- **视频。视频教程的好处是，可以用更为形象生动的方式给你展现动态的过程，有时你还能直接感受到讲授者的幽默。**
- **课程。如果你需要形成知识框架，系统化的课程可以让这一过程快捷高效。**
- **代码。对于那些技术性的问题，用公式描述有时候会让人感到困惑，这时阅读源代码甚至自己编程实践会极大加深你的理解程度。**

当然，这不是全部。最好的方式是与专家甚至是作者本人做面对面的高效沟通反馈。这样的机会很稀缺，如果遇到，一定要抓住。

03

如何用技术手段辅助你的文献阅读

在前面两篇文章中，我介绍了如何更高效地读文献，以及文献读不懂的时候，可以使用的窍门。这些窍门看起来很传统，不过着实通过了很多人的验证。

我们不应该忽视，目前我们所处的时期科技快速发展，数据科学、人工智能，以及文献计量领域的成果，都可以给我们赋能，让文献阅读更加高效。

从 2017 年开始，我就在少数派网站上发布了一系列的文章，用图文和视频手把手教读者如何使用这些工具，帮助读者提升阅读文献和写作论文的效率。

我本想把上述内容都纳入本书，但是后来发现不大现实。最主要的一个问题是，技术更新迭代太快。我刚推荐了软件 A，软件 B 就出来了，而且软件 B 明显更加便捷高效。这时候你好不容易才学会了软件 A，却徒劳无功，可能会嗔怪我故意误导你。即便是同一款工具，也会由于技术革新和软件升级导致界面发生变化，甚至操作的功能逻辑也随之改变。对于软件用户来说，这些快速的变化显然有益处；但对于纸质书的读者来说，这些变化就不怎么美妙了。

你可能有这样的经验，拿着一本几年前出版的 Python 教材学习编程，结果第二章的内容都无法顺利输出。你反复检查，笃定自己的操作没问题，于是陷入了深深的自我怀疑，甚至直接放弃。其实你的操作没问题，问题出在编程环境上。Python 从 2.x 版本升级到了 3.x 版本，就连最基本的输出语句都发生了语法变化，例如打印输出语句 print 后面不加括号，2.x 版本可以顺畅输出，可 3.x 版本就会报错。

文献阅读辅助工具也是一样的道理。给你按照写作本书时的操作流程讲解一款工具，可能会让你在实际操作时处处碰壁，无所适从，扔下书，大声斥责王老师骗人。为了避免这种尴尬情况发生，我决定换一种讲法——从功能上对我演示和应用过的一系列相关工具做个分类梳理，给你介绍一番。如果你觉得其中某一款工具有吸引力，打算尝试一下，不妨根据最新的教程和官方帮助文档来进行实际操作。

本文会介绍的文献阅读辅助工具的主要类别包括但不限于以下内容。

* 领域扫描。

* 论文推荐。
* 文献管理。
* 概念释义。

下面咱们一一来说说。

领域扫描

首先是领域扫描。它要解决的是你初次接触某个陌生科研领域时碰到的问题——茫然不知所措。想想看，这其实和你到某个陌生的地方去旅游是一样的感受。这时候，你需要一张“地图”来指引。这张地图可能包括本研究领域的主要话题、重要论文、高影响力学者以及他们之间的关联等。

文献计量多年的发展使得上述结果的获取已经非常流程化。你从 Web of Science、Scopus 和 CNKI 等网站导出数据集，然后经过软件分析就能从宏观上快速获得这些重要的知识地图了。

因为这方面的技术已相对成熟，所以可选择的工具也很多。篇幅所限，我这里只提几款我实际用过并且觉得好用的。此处必须说明，我没有提及的工具并不意味着它不好。下文不再赘述这一原则。

我推荐的第一款文献分析工具是 Citespace 。这款工具的作者是学者陈超美教授。我在撰写自己的博士论文时使用了这款工具，答辩的时候，使用它绘制出来的图形惊艳四座，还有老师在会后找我询问这款工具的使用方法。当时这款工具发布不久，学习资料还很缺乏，所以为了掌握它，我着实下了一番功夫。好在你现在想学习它，资料已经非常多，在主流视频网站上还可以搜到详细的操作教程。该工具的功能很多，也很权威，应用领域非常广阔。你将 Citespace 作为关键词，在各种中英文数据库里搜索，就可以感受到它的影响力了。

但是作为一个初学者，我并不建议你一上来就使用这么专业的工具。一方面“杀鸡焉用牛刀”，没有必要；另一方面是功能强大的工具往往参数众多，一不小心容易用错。特别是如果你对文献计量不是很了解，就更容易犯错。我工作以后，在参加硕士研究生论文答辩时，就见过有的学生因为对 Citespace 的参数不够了解，张冠李戴，后来这个学生意识到问题的严重性，只得把数据分析过程重新做了一遍，当然对论文相应部分也进行了大幅调整，甚至是重新撰写。

我更推荐初学者使用的是第二款工具，叫作 VOSviewer 。

这款工具的好处是更加简单明了、易学易用。基本上，进行几小时的训练，你就可以用它上手处理文献数据了。

举例来说，我们从 CNKI 文献库找到《 图书情报知识期刊 》的数千条文献记录后，用 VOSviewer 来分析作者的合著关系。设定一定阈值后，就可以获得图 9-1 所示的网状图。

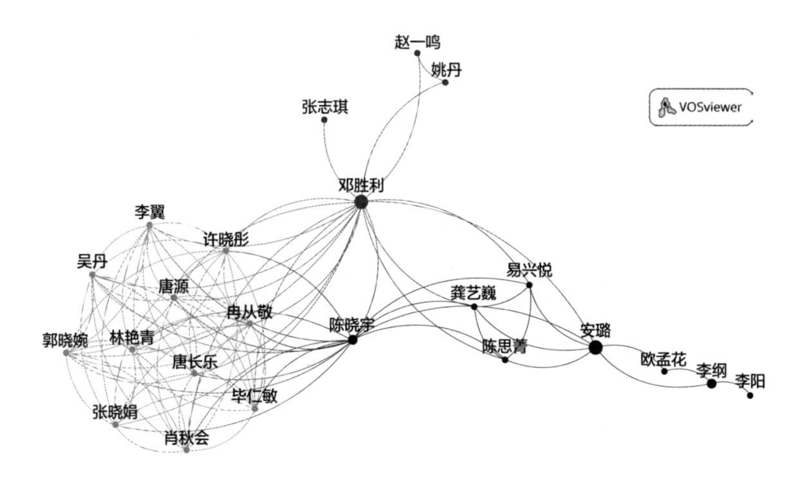

图 9-1 《图书情报知识》期刊作者合著网络

同样的文献记录不仅能研究作者的合作情况，还可以分析出关键词共现网络，如图 9-2 所示。

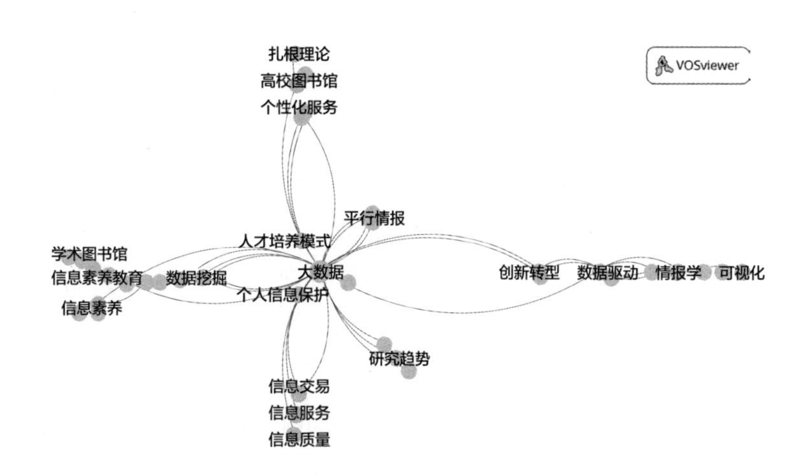

图 9-2 《图书情报知识》期刊关键词共现网络

有了这些分析结果，你就能对某个陌生的研究领域迅速建立起初步的认知，知道哪些研究主题和研究学者比较重要，这样自己浏览和阅读文献就有了切入点。

除了 Citespace 和 VOSviewer，还有一个你可能感兴趣的文献扫描工具是 Biblioshiny 。这款工具是建立在 R 这样一个优秀的统计软件之上的，因此统计功能非常强大。

举例来说，它可以非常方便地对领域词云进行演示，做出词汇地图和主题地图等。尤其是它做的主题地图（Thematic Map）非常有意思。它以横轴代表中心度，纵轴代表密度，绘制出以下 4 个象限。

* 第一象限: motor-themes，既重要，又已有良好发展（well-developed）。
* 第二象限: very specialized/niche themes，已有良好发展，但是对当前领域不重要。
* 第三象限: emerging or disappearing themes，边缘主题，没有好的发展，可能刚刚涌现，也许即将消失。
* 第四象限: basic themes，对领域很重要，但是未获得良好发展，一般指基础概念。

这些象限代表了不同主题的成熟度和重要程度，可以让你一眼望上去就对领域的发展情况知其大概。这样你在阅读文献时就可以避免在那些不重要或即将消失的主题上浪费过多的时间，反而可以在方兴未艾的潜在话题上快人一步，抓住发展趋势。

文献推荐

讲完了领域扫描，咱们再说说文献推荐。你可能会纳闷，领域扫描的过程中不是已经揭示文献主题和作者的重要性了吗？为什么还要专门讲“文献推荐”呢？

究其原因，是领域扫描只针对我们自行整理出的一系列文献资料进行，我们的视野被牢牢局限在手里已有的这个文献数据集内。可我们都知道，目前跨学科融合研究是大势所趋。如果你只盯着单一领域的研究进程，可能只见树木不见森林，错失接触重要文献的机会。况且，在不同领域，人们对名词概念的界定不同。有时候你用自己想到的关键词搜索文献，返回结果寥寥，这会让你错以为这些概念没有受到关注，其实有可能别人只是使用了其他的说法而已。

可是作为科研初学者，要求你知道不同领域的概念表述，着实有些强人所难了。即便是一个有经验的研究者，在面对陌生领域时恐怕也很难把握好上述问题。文献浩如烟海，即使是专家也不可能对所有领域都了如指掌。

好在近年来人工智能的发展可以有效帮助研究者改善这种处境。

自然语言处理技术在 2018 年 BERT 模型出现后取得了很多突破。例如 GPT-3 模型已经有上千亿个参数，因此可以做出很多令人惊讶的事情——写代码、编故事等。比如你给定一段话，它就可以接着编一篇文章出来。当然这样写出来的文字，相对于人类作家所写的内容缺乏足够的逻辑。但是，GPT-3 模型的编造能力已经给社交媒体评论分析和谣言鉴别带来了很大挑战。很多时候你真的难以分辨一段话或者一篇文章究竟是不是真人写的。

虽然 GPT-3 模型带来了破坏和威胁，但我们不能忽略它有益和有用的一面。例如一款叫作 Elicit 的文献推荐工具就是基于 GPT-3 模型做出来的。

你可以直接对 Elicit 提出一个研究问题，然后它根据自己在文献领域"饱览群书"的经验，用一系列文献列表给你答案。在这些列表中，不仅有普通的文献元数据信息（例如作者、来源期刊、资助和 DOI 等），还能展现独特的智能分析结果，例如文章的类别、研究方法等。特别是对于实验类的文章，Elicit 甚至可以把样本数量、样本、年龄、区域等具体细节信息都一一自动抽取出来。靠着 GPT-3 模型的强大性能，Elicit 甚至可以在列表中根据每一篇文献综合创造新的文本来直接回答你一开始提出的研究问题。

为了避免信息过载，Elicit 一开始会给你提供一个精选的短列表。如果你觉得其中某一篇或某几篇论文比较合乎口味，可以选中它们要求 Elicit 根据这些文献继续推荐类似的文章给你。如此，依靠 Elicit 滚雪球般的自动推荐和用户手动选择相结合的方式，你很快就能有一个精选的推荐文献列表。这比你自己手动去检索和翻阅，效率不知要高出多少。我自己带的研究生使用过 Elicit 后都习惯成自然，以前的手动检索方式恐怕已无法满足他们的需求。

单从选题工作上看，重点阅读文献的哪个部分比较重要？"研究局限"是无法绕过的。别人尝试后还没有解决的那些问题，往往是能激发你进行后续研究的关键。以往你总要一篇篇地打开文献，找到对应的部分查看研究局限。现在有了 Elicit，你可以直接让它分析研究局限并列在表格中一起呈现给你，这样效率就有了成倍的提升。这里多嘱咐一句，本书反复强调千万不要看到别人列出研究局限，你就照着这条道跑下去。这些局限和展望可以当作入口和提示，但不能当作真路标来使用，原因我在选题篇已经详细为你解读过——高斯那样的"狐狸"不会给你留下痕迹，而很多论文的研究局限其实就是他下一篇论文的预告。

有了 Elicit，你仿佛一下子有了自己的私人助理。它勤勤恳恳地帮你完成文献找寻、过滤和基础分析提炼等重复、机械的劳动，而你自己可以节省时间，把注意力放在更为要紧的研究环节上。

文献管理

前面提到的几款工具帮助我们解决了“优先读什么”的效率问题，但是读文献还是需要你实打实地下功夫。在阅读文献的同时，你需要做笔记并保留文献元信息。毕竟将来动笔写作时，你还需要对笔记进行综合，并且对文献进行引用。

所以我们需要一款好用的文献管理工具来帮助我们保管文献元信息、全文数据，以及我们所做的文献笔记。跟论文检索应用类似，文献管理工具也多种多样，常见的包括 Endnote、Mendeley 和 NoteExpress 等，它们在功能上各具特色。其中我个人最喜欢的是 Zotero 这款文献管理工具。

我从 2008 年 12 月开始使用 Zotero ，至今已经 10 多年。相比而言，Zotero 是我使用时间最长的一款文献管理工具。Zotero 一出现就解决了当时论文写作者的诸多痛点。例如它靠着完善的插件系统支持多种文献库甚至网页的一键抓取元信息功能。后来 Zotero 还不断进化，支持云解析 PDF 文件元数据，省去了很多烦琐的人工录入与校对操作。对于文献名称，Zotero 也可以根据元信息快速自动重命名。2022 年，Zotero 6.0 版本发布，有很大的更新，变得更为好用了。我个人总结出新版本的优点包括以下 4 个方面。

一是 Zotero 终于有了移动版。你可以在移动设备（例如 iPad）上打开 Zotero 阅读 PDF 文件全文，并且可以用不同的颜色进行高亮标注。高亮标注的文本，可以算作对原文的直接引用。你还可以在某些页面做出批注；对于高亮标注的文本，也可以添加注释。甚至，你还可以把文献中的图片直接加入笔记。你不仅可以把图片截取出来使用，也可以框定公式，这样文献笔记的内容一下子就丰富多彩了。

二是多端同步功能。你在移动版、桌面端所做出的各种高亮标注和批注，以及对笔记的整理，都可以通过云端即时同步到所有登录同一 Zotero 账号的设备上。你可以在移动版上读，然后在桌面端整理和综合加工，形成自己论文的素材模块。如果你经常苦于自己阅读文献后笔记零碎，写作时难以找寻，或者只带着移动设备在外面时无法回顾阅读笔记，不妨尝试一下 Zotero。

三是 Zotero 有了更高细粒度的笔记管理。原本文献管理的颗粒度（你可以打开参考文献列表来查看）只是到某一篇文章，最多是某一本书的页码范围。但是在 Zotero 中点击某个笔记条目就可以自动跳转到原文 PDF 对应的位置。这样你就可以快速查看某条笔记的上下文，更为方便地验证数据和资料来源，甚至不断激发新的想法。

四是写作时可以方便引用。我们的阅读面向最终的输出结果——论文。我见过很多研究生采用手动编号的方式来处理文献列表，这会留下很多隐患，而且很麻烦。Zotero 提供了 Word 和 OpenOffice 等写作环境的插件。当你需要引用某条文献的时候，只需要点击一下按钮，就可以自动生成文内引用，编号还是自动排列的。当然，在文末也会自动形成对应的参考文献列表。新插入、删除或者修改文献引用后，这些列表都会自动调整，你再也不用为手动编号而头疼了。

概念释义

在《文献读不懂怎么办》一文中，我介绍了文献阅读遇到问题时的几个解决方法，详细介绍了你可以使用的免费资源和路径，它们包括但不限于以下内容。

* PPT
* 图文
* 视频
* 课程
* 代码

这些方法确实管用而且精准，但你可能会发现，每读一篇文献都要检索上述信息，需要的时间和精力成本也很高。环境和技术在变化，我们阅读文献时获取辅助信息的方法和思路也应该与时俱进。

因为有了 GPT-3 这样的大规模自然语言处理模型的加持，阅读文献时遇到不认识的名词或者无法理解作者的简单解释时，我们也不妨尝试一下技术对策。具体的方法就是，让人工智能替你阅读，然后把内容综合整理，结合上下文转换成简单清晰的语言，再反馈给你。

之前，这样的工具只是概念模型或是某篇文献里面的演示样例，但是就在 2022 年 10 月，我们看到了第一个真正可用的开放产品，它的名字叫作 Explainpaper 。这款在线工具使用起来也特别方便。只要你把文献上传，高亮标注某一个词语、短语或者段落，人工智能就会自动为你解读。不仅如此，你还可以根据人工智能反馈的结果继续追问。

因为开发者是外国人，所以它目前主要用于分析英语文献，并且用英语向你反馈。对于中文，开发者并没有特别优化。不过因为 GPT-3 模型在训练时，语料库中已经包含部分中文内容，所以即便你在阅读中文文献时遇到不认识的名词术语，也可以用 Explainpaper 来获得解释，如图 9-3 所示。

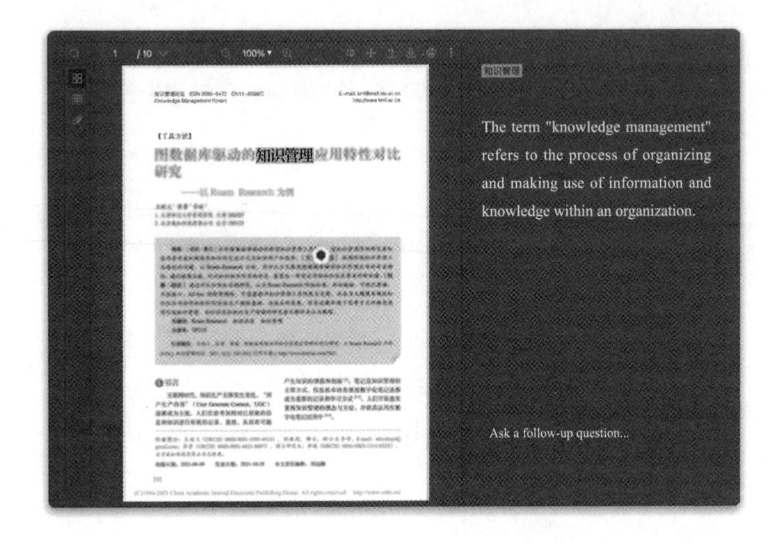

图 9-3　利用 Explainpaper 解释论文中出现的术语

注：此图仅展示界面效果，对部分无关内容进行了模糊处理。

在图 9-3 中，我们演示了高亮标注“知识管理”一词后，人工智能给出的解释如下：

> *The term "knowledge management" refers to the process of organizing and making use of information and knowledge within an organization.*

翻译成中文如下：

> 术语“知识管理”是指在一个组织内组织和利用信息和知识的过程。

怎么样，解释得还算贴切吧？ Explainpaper 综合的信息来源不仅包括你上传的这篇文献中与之相关的上下文，还囊括了模型训练时的语料，这算是 GPT-3 模型“博览群书”的结果。所以有时候你会发现，明明在一篇论文里并没有对某个术语的解释，但是 Explainpaper 也可以正确识别它，还能给出简明易懂的例子。

必须说明的是，目前 Explainpaper 这样的工具还有很多不足。缺乏中文解释能力只是其中一个方面，还有就是它严重依赖训练模型时用到的文本数据。GPT-3 模型毕竟是国外研究者的训练模型，并没有针对中文，尤其是对中文学术文献进行优化。我们更希望看到的是国内开发者利用咱们国产的大语言模型为中文科研用户理解论文提供更多的便利。希望这样的产品可以早日出现。

小 结

本文从领域扫描、文献推荐、文献管理和概念释义这些阅读文献的基本需求类型简要介绍了目前几款优秀的辅助工具。相信善用这些工具，可以帮助你提升科研阅读的效率。

当然，我们必须记住工具只是给我们帮忙的，并不能代替我们自己需要做的扎实严谨的工作。如果你食髓知味，并在找寻工具的道路上“一骑绝尘”，只专注于“磨刀”（尝试新工具），却不用足够的时间去“砍柴”（认真读文献、做笔记），那就是本末倒置了，切忌！

祝文献阅读愉快！

学术写作五步法

写作篇

如何从零完成高质量论文

01

快速完成论文初稿的最佳实践

做好了选题和阅读文献的两步准备，我们就可以开始论文的写作了。

想要实现高效论文写作，就要遵循以下两个法则。

* 快写。
* 慢改。

“快写”就是快速起草，用最短的时间，形成完整的作品原型。“慢改”就是雕琢，在原型基础上，不断迭代改进，以求提升质量。

这一写作原则，阳志平先生在《认知写作学》中从认知心理学角度进行了详细论述。因为要“慢改”，所以在截止日期前一定要留出足够的时间；“快写”则有助于你更早地把握主动权，放平心态。

至于如何“慢改”，就是你（包括合作者、导师）自己的事情了。这篇文章先讨论“快写”部分，即快捷高效的论文起草方法。

动笔之前做好研究

写作之前，先把研究做好。我执教的专业是信息管理，学科性质是文理交叉。本科生到了大四时，有两个选择：一是做毕业设计，也就是做个系统，写设计报告；二是写毕业论文。

虽然我反复告诫学生做设计比写论文容易，但学生们普遍选择写论文。假设他们的决策是出于理性，那背后一定有充足的动机。

学生跟我说，做设计得编程，而且编完了代码，还得写规定字数的文档，相当于花两遍功夫；写论文就简单多了，不就是“码字”吗？论文一般不也就 7000~8000 字，那不是手到擒来吗？结果，他们真的按照这些设想来做，根本不做研究，只搜数据、堆图表、抄观点，甚至“扒”别人论文中的语句。

且不说你这样做估计连查重都过不了，更重要的是，你这样写出来的东西，根本就不叫论文。写论文，一定要先做研究。只有做了研究，你才可能通过新鲜的数据、独特的观察视角或新颖的分析工具获得某些别人不知道的知识。确认你得到的新知对他人有价值后，再用标准化的格式把这种认知上的差别（简称“认知差”）生动地描述出来，这才叫论文。如果你连研究都还没做，就先别急着写了。

初稿要一气呵成

本文参考的教程是彼得 · 卡尔教授的教学视频。你看到这个名字，是不是觉得眼熟？没错，咱们在文献篇就提到过卡尔教授，当时引用他的教程是讲文献阅读的。卡尔教授讲完了“读”，自然就会提到“写”。他用这种快速写作初稿的方法成功发表了超过 300 篇高水平论文。这样的写作效率，你是不是很羡慕呢？那就听我解读一下卡尔教授的写作流程和技巧吧。

先说起草阶段。起草论文在于一气呵成。卡尔教授甚至还专门提到，写初稿时千万不要编辑。

这个建议听起来真是太违反常识了。在写作过程中，许多同学总会回看一下前面的内容，然后还要进行字句和格式的调整。这看起来很正常，为什么不能编辑呢？因为如果你边写边考虑字号、缩进和段间距，还时不时停下来斟酌一下遣词造句（例如“这里是用‘推’好，还是‘敲’好？”），时间就快速溜走了。

除了消耗时间，这种编辑动作还会给你带来另外两个困扰。

* 一是使你的思路被阻断。本来一些奇思妙想或是妙语连珠已经浮现在你的脑海中，可你一编辑，走神了，这些点子转瞬即逝，再也无处寻觅。如果你经常写作，这样的事情可能遇到过不止一次。
* 二是“沉没成本”效应。这件事是很多人忽略的。在完成初稿后

的迭代环节中，稿件里面的许多文字是需要直接删掉的。一旦起草时精心编辑了文字和格式，你就会对这段文字产生“特殊的感情”，之后即便发现它可以删除，你大概率也不情愿果断删除。

许多学生提交给我的文稿中就有不少这样的文字。它们或者冗余，或者叙述有问题，不仅不利于论证，还偏离了主题，需要删掉。可我一让学生大幅删除，他们就跟我咧嘴诉苦：“老师，这一段好不容易写出来的，舍不得啊！挪到别的位置好不好？”

经济学家用模型论证了“沉没成本不要捞”，这是理性决策。但是人性使然，大多数人对沉没成本总是特别在意，“不捞”就不舒服。所以为了帮助你果断决策，从一开始就不要对初稿文字投入过多的时间与情感。

写初稿时一路披荆斩棘往前冲就好了，千万别编辑。

打断你“一气呵成”写作初稿的其他因素还有很多。最重要的噪声来源之一，恐怕就是你的手机了。关机，把它扔到一个抽屉或者箱子里，要是能锁起来的话就更好了。这个看似很傻的操作对你的长文写作会很有帮助。另外，如果你觉得关机不大方便，打开手机的勿扰模式也可以。iPhone 的勿扰模式可以设计不同的条件，你可以设计只让紧急联系人的电话能打进来，这样可以避免耽误真正的急事。我现在经常开启勿扰模式，不要觉得这样做会错过很多要事，许多事情其实都可以选择一个空闲时间集中处理。试过几次后你就会发现，地球离开了你几小时照样转得好好的。

写作长文本或者深度阅读时，推荐你使用一个叫作“番茄工作法”的工具。

番茄工作法是指工作时段和休息时段交替进行。例如每个工作番茄钟是 25 分钟，在这期间要聚精会神、心无旁骛；两个工作番茄钟之间有 5~15 分钟的休息时间，这期间你最好站起来活动一下，这样有助于缓解颈椎压力，同时给注意力充电。

但是这里有两个注意事项。

一个是在工作番茄钟之间的休息时间内千万不要看手机，否则你的注意力很可能以小时为单位，被各种提醒和 App 精心打造的内容吸引走。

另一个是工作番茄钟的时长未必非要设定为 25 分钟。有的人的注意力可以持续更长的时间，那么就把工作番茄钟的时长修改一下，例如工作 45 分钟，然后休息 15~20 分钟。这样，写作不被频繁打断，你更可能进入“心流”状态，有助于你文思泉涌。

写作流程的最佳实践

前文我们讲了写作初稿的原则——“快写”。为了一气呵成地完成论文初稿，你还需要注意写作的步骤和顺序。有的同学可能会纳闷，写论文有什么顺序？不就是从头写到尾吗？错。千万不要从头到尾、线性地去写一篇论文。论文不同部分的写作难度有很大的差别。我们的写作原则是越是有难度的部分，越应该放在最后写。

例如出现在论文第一部分的引言就是条“披着羊皮的狼”，写作时千万不要把它排在第一步。卡尔教授说，你应该按如下步骤写作论文。

* 列出大纲。
* 展示图表（研究结果）。
* 写实验部分。
* 写讨论部分。
* 写结论。
* 写摘要（包含关键词）。
* 写文献回顾。
* 写引言。

下面我们依次解说一下。

第一步，根据研究主题列出大纲。列出大纲就如同给你的拼图找到了粗略的分界线。它有利于你概览全貌，随时知道自己所处方位，不至于在其间迷失。

我推荐你使用大纲工具快速把论文分成若干可以驾驭的小部分。大纲工具有很多，我用过 Org-mode、Workflowy、Dynalist。国产软件里，幕布也可以满足需求。

用幕布来写作大纲，主要包括以下优点。

* 跨平台记录，随时捕捉灵感，加以补充。
* 轻松移动大纲节点顺序，随时快速迭代，使结构安排更合理。
* 可以一键把你的大纲列表变成思维导图，让你的写作思路更加清晰明了。
* 可以随时聚焦在某个章节，开展头脑风暴，专注扩展和联想。
* 可以随时插入图像。（对于图文并茂的论文写作，这一条非常有用。）

图 10-1 展示的是 2021 年我和团队成员发表在《知识管理论坛》的论文《图数据库驱动的知识管理应用特性对比研究——以 Roam Research 为例》的大纲。根据论文格式规范和具体研究目标，我们首先确定一级标题内容。

图 10-1　论文大纲（初步框架）

确定了基本框架之后，我和团队成员经过商讨，将大纲细化到二级标题，如图 10-2 所示。

图 10-2　大纲细化到二级标题

基本大纲敲定后，我们还利用幕布的思维导图一键转化功能进行检视，并且填充能够找到的内容，将其细化到三级标题（见图 10-3）。

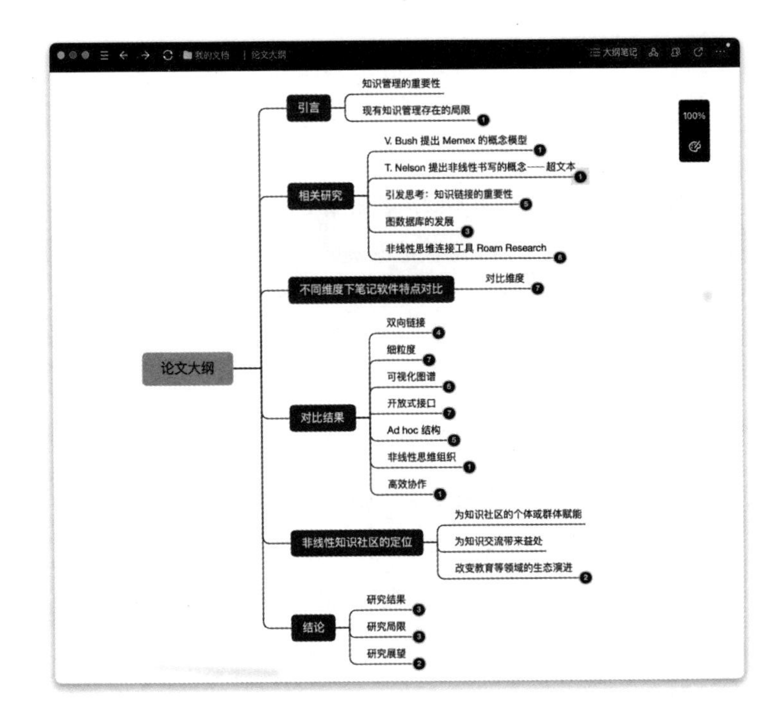

图 10-3　细化到三级标题的大纲

大纲的规划是一种自顶向下（Top-down）的方式，有助于你把握整体的写作方向。

但是请你注意，这里不要按照顺序对大纲进行细化。这主要是为了避免某一部分的细化过程出现故障导致整体工作停滞。

这就好比高考时遇到难题该怎么办。相信你的高中老师没少嘱咐过你——应该先果断跳过难题，把容易的题先做完，待到大部分的分数到手后，再回过头来以踏实的心态和足够的时间去面对难题。

大纲细化也是一样，千万不要执着于顺序，而要以快取胜。这种不纠缠的写作方式可以被形象地形容成“拼图”。所谓拼图，就是依照大纲的指引，不断选择最容易切入的地方填入组块内容，“拼装”出整个图形（论文）。

列出大纲是初稿写作的第一步，现在到了第二步，即展示图表。之前我提到过一定要先做研究，否则这些研究结果从何而来？注意，这里只是让你把需要用到的结果图表放进去，没有让你每放一张图表就写文字描述，因为那是后面的步骤要做的。

第三步，写实验部分。你需要叙述你的数据来源、实验组织方法、数据分析流程，以及描述实验结果。这个部分应该也非常容易完成，因为材料都是现成的，你相当于只是把做了什么描述出来，对图表结果“看图说话”，应该没有什么障碍。

第四步，写讨论部分。虽然你有了数据，进行了展示，但绝不能将结果简单罗列，觉得自己已经完成论证。你还需要讨论它。想想看，如果你自己是个严肃认真的读者，面对你的结果数据，会作何想法？有没有疑问？

如果你能想象到读者的疑问，在这一部分提出来并认真回应；如果你不能想象到读者的疑问，可以真的找个读者（例如同学、朋友、家人）来看看。观察和揣摩别人的提问还可以训练你的同理心，有利于你将来自己提出更好的问题。

第五步，写结论。结论包含非常经典的 3 个组块。

* 总结本研究。
* 指出不足，讨论原因。
* 展望日后的改进。

第六步，写摘要。上述若干部分写完后，摘要也就呼之欲出了，因为要做的无非是提炼和汇总而已。

许多期刊都会在模板里提供一个结构化摘要的写作指引，包括“目标、方法、发现”等分段，你可以参考着逐项填空。这样写出来的摘要不仅内容完整，逻辑也会很清晰。写作摘要务必要提纲挈领。

这时候，回顾一下在文献篇介绍过的论文阅读顺序，你是不是有了新的感受和想法？千万不要忘了读者会先看摘要，而且会根据摘要来确定一篇文章是否符合自己的口味和需求。如果摘要写得不好，论文正文写得再出彩也没用，因为读者可能直接就忽略这篇文章了。所以摘要一定要言简意赅和全面反映本文特点。写完摘要，别忘了顺手把关键词也写好。

有的同学比较害怕英语摘要的写作。其实，写作初稿时不必那么纠结。把中文摘要写好后，拿翻译软件先翻译一个英语摘要放在那里，心里先踏实下来，毕竟后续可能还会调整中文摘要，英语摘要也要同步改动。不过别忘了完成初稿修订后，要人工对英语摘要进行润色处理。否则将来导师一看英语摘要翻译得很乱，会对你的论文留下不好的印象。

第七步，写文献回顾。许多同学写到这里会特别害怕，文献读起来没完没了，总觉得还要多看几篇才能写；而另一些学生对这个环节过于松懈，甚至直接把参考文献的摘要拿过来不加修改地堆砌。这些做法都不正确。

文献回顾的目的不是向读者或者导师证明你的勤奋刻苦，而是进行学术研究环境扫描。你要用前人的重要研究成果织一张网，在这张网上找准你的这篇论文的位置，将其镶嵌上去。

什么叫找准位置呢？就是看之前的研究还遗漏了什么，从而让你的研究有必要性。因而，你不仅要了解本领域都有哪些重要研究，这些研究都提供了哪些贡献，还要对它们的不足如数家珍。

如果你脑中空空，手中也空空，那这个任务确实很难完成。不过如果你已经读过《高效阅读文献的流程》一文并加以实践，写作初稿时，手中便不止有前面研究的实验记录，也应该有领域重点文献的“强力阅读笔记”。这样一来，你在写作这一部分时就会变得游刃有余。

当初阅读文献时，你“不动笔墨不读书”，为每一篇文献都做好了文献笔记。每一则文献笔记就是一张卡片，上面有你结合自己的阅读、思考、经验、看法对论文主旨、段落的评价。将这些卡片按照某种适当的顺序（时间、分类……）拼接起来，就可以组成一个逻辑清晰、内容丰富的文献网络。

你在写作文献回顾的时候，当然不应该把手头全部相关的卡片都一一罗列。一来论文篇幅不允许，二来这样做也是对读者的不负责。你可以把自己想象成一个导游，给读者介绍景区里面的景点，当然需要有所侧重，不可能对每一棵树、每一片叶子都介绍一番。在重要部分，论述要做得详尽，为论文的必要性提供支撑；而对无关紧要的文献一笔带过就好。详略得当、张弛有度，这样的文献回顾，才能让人真正读进去，并感受到你下过的功夫。

注意编织文献网络的过程需要不断迭代，很难一蹴而就。如果你发觉自己在撰写文献回顾的过程中有一个新的想法，但是手头没有现成的文献笔记可以使用，怎么办？立即停下来查找文献吗？

不，那样就与我们的“快写”初衷大相径庭。处理的方法是放一个占位符在这里。例如我经常把 3 个中文句号连在一起作为占位符，这样主要是可以避免与正常的文本混淆。另外你不能只放占位符，这样将来回顾时，你甚至都不知道要在这里添加什么。除了占位符本身，你还需要把想表达的意思和新的想法也记在一旁。然后，不要拖沓，迅速回到自己的写作流程中。待到完成初稿后，再徐徐图之，通过查找和阅读相关的文献来补全内容。想想看，那时候你的心态是自在舒缓的，读起文献来也更加轻松，而且会吸收得更快。

在“拼图”过程中你还需要注意一点：若是把卡片直接放在大纲下面拼接，会有较大的心理压力。某个部分悬而未决，它就如同一块伤疤，会不断刺激你。这种持续的刺激会让你感到焦虑，因此我一般不在大纲视图下面拼接卡片，而是选择形式更自由的“白板”。这里以我们那篇论文《图数据库驱动的知识管理应用特性对比研究——以 Roam Research 为例》的结论部分为例，给你展示我们“拼图”时在白板应用中呈现的状态（见图 10-4）。

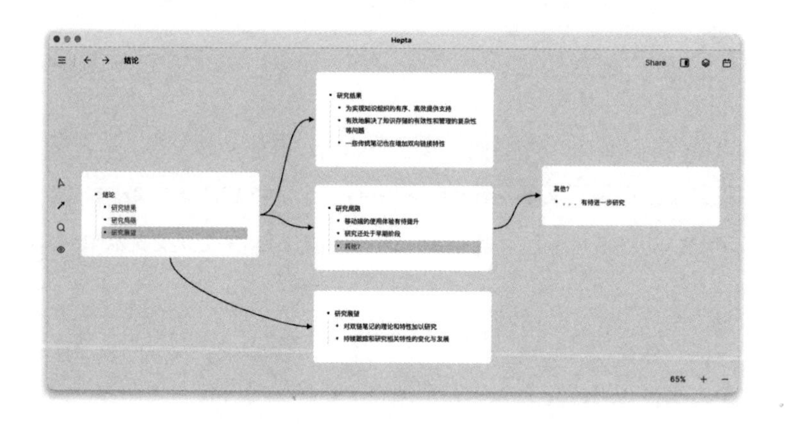

图 10-4　在白板应用中拼接笔记卡片

从图 10-4 可以看到，我们在研究局限第三点的表述上有一些拿不准的地方，因而采用占位符（3 个中文句号）做了标识。随后，我们可以快速切换到整体视角填充其他内容。随着写作进展越来越顺利，你很可能在后续某一刻灵光闪现，然后就可以通过检索占位符快速定位到这个地方，把缺失的内容填入。

白板应用非常适用于组织尚未完全系统化的思绪。本文中使用的白板应用为 Heptabase，类似的应用还有很多。目前国产应用中，你可以尝试氢图等。

第八步，写引言。前文我们已经反复提到，引言部分在整个论文中是最难写的。我们把这一部分抽出来单独讨论。

引言写作究竟难在哪里呢？难在你要同时处理两股相互纠缠和矛盾的力量，分别是价值和必要性。

什么叫作价值？从产品经理的视角来看，价值就是读者的痛点和痒点。问题不解决，读者就难受；看到问题能解决了，读者就心痒。这股力量牵动着读者读你的论文的意愿。

一方面，若是超级具有说服力，你自然可以把所研究的问题的价值“吹上天去”，但读者会在第一时间告诉你：“不对！此处很可疑。”

读者觉得可疑是因为常识发挥了作用。想想看，如此重要的问题，别人看不见吗？“别人”（其他的研究者）中没有聪明人吗？既然这么多聪明人同样看到了，为何这个问题还没有解决？是不是你对现有文献的调查不够充分，忽视了他人的研究成果？倘若该问题真的已经被其他研究者解决，那还要你的论文做什么？没有必要。

所以，专业读者会质疑你——初出茅庐的研究者，能解决如此重要的问题。另外，你对价值的过度拔高会启动读者的思考模式。思考模式一启动，读者就如同戴上了有色眼镜，会对你的论文质量做出不利的判定。后面他们要做的，就是恨不得拿出放大镜挑你论文的毛病。因为一旦挑出毛病，很多读者就会在认知上得到满足，验证自己的预设。这些读者包括你的导师与审稿人。想想看，这样的情况你愿意遭遇吗？

另一方面，有的人写作引言时会反其道而行之，全力突出论文的必要性，把这个领域的研究描述成一片荒原，文献奇缺。即便有寥寥几篇文献，也都存在很多问题，导致你不得不出手。这样一来，你的论文的必要性确实突出了，然而价值又成了麻烦。

读者会反向思考：这么多专家都没有认真对待过这个问题，这个问题真的值得解决吗？于是，他们换上另外一副有色眼镜——专门寻找证据，证明你的研究本身没价值。既然连价值都没有，那还研究什么呢？

所以你看，好的引言之所以难写，是因为必须同时把握好价值与必要性两个维度。你的目标是让读者觉得这篇论文不但有价值，而且有必要，甚至恨不得花钱也要支持你写。这不是开玩笑，当年哈雷就曾经号召众筹支持牛顿的研究，因为在哈雷看来，牛顿的研究既有价值，又有必要。

要想达到这种火候，你在引言里就需要体现论文的特殊性。特殊或许来自你独特的观察视角，恰好天时地利具足，你看到了别人看不到的东西。德鲁克写《旁观者》一书看似信手拈来，但是你很难重复这种操作。这并非只是因为你的文笔不够好，而是你大概率未必能有机会与那么多世纪大师级人物一一亲密接触。

特殊或许来自新的技术手段。例如 Franz Josef Och 博士的机器翻译研究靠着统计学习的算法和谷歌提供的海量数据，甩开了 IBM 等老牌机器翻译对手，评测结果遥遥领先。

特殊或许来自解耦合等设计思维。别人在想如何为顾客制造更好的钻头，你却明白顾客只是想要墙上的完美钻孔而已。

希望你能举一反三，找到适合自己所研究问题的引言撰写角度。写好引言不仅会让你的文稿更加吸引读者，还可以帮助你更为顺利地通过开题和答辩委员会的审视。

小结

总结一下，为了高效地完成论文写作，首先要做的是动笔之前的研究，然后一气呵成地完成论文初稿。在写作时，你应该按如下步骤写作论文。

» **列出大纲。**
» **展示图表（研究结果）。**
» **写实验部分。**
» **写讨论部分。**
» **写结论。**
» **写摘要（包含关键词）。**
» **写文献回顾。**
» **写引言。**

本文也穿插介绍了一些工具辅助你高效“快写”，具体如下。

» **番茄工作法。**
» **大纲应用。**
» **白板应用。**

希望上述内容可以帮助你快速高效地完成论文初稿的写作。你在写论文时是如何快速搞定初稿的？有没有更为高效的方法和工具？

02

用卡片笔记写作法完成论文

每年春季开学，总会有一种人很烦躁：

* 别人发朋友圈，他留言说不中听的话；
* 你见他突然妄自菲薄，开导劝慰他，却被辩驳甚至骂一通；
* 一点小事儿都能激起他胸中的怒火，让他对人大吼大叫甚至不惜撕破脸。

其实这倒未必是狂躁症发病的征兆——如果他是大四学生或者研究生，那八成是在写毕业论文呢。因为拖延症，他迟迟不动笔；待到截止日期临近，他日渐焦虑；而越焦虑，越没办法静下心来写东西，只好继续拖延……这是个典型的恶性循环。

每年会有多少人陷入这种恶性循环？具体数字我没有统计过，但是要说“成千上万”真的不算夸张。毕业论文，多则几万字（硕士毕业论文）或十余万字（博士毕业论文），少则仅几千字（本科毕业论文）。只有几千字要写，学生们为何依然会选择拖延呢？

把拖延想象成学生们的专属问题就不合适了。因为有的职业作家也常拖稿，编辑在后面不停地催促，也无计可施。长文章的写作为什么如此困难？人们为何要一再拖延？

在这篇文章中，我们来探讨一下写作拖延症的形成原因，然后我会告诉你一种很管用的写作法来克服写作拖延症。

为什么会有写作拖延症

对大多数人来说，写作长文章有一种“被包围的感觉”。

军事史上，精锐部队因被包围而崩溃的战例不胜枚举。公元前215 年，汉尼拔以 5 万人的劣势兵力巧妙包围了罗马军。罗马军总兵力将近 9 万人，其中近 7 万人战死或被俘，执政官与 80 名元老院成员阵亡。

光看数字，你可能很难想明白，明明罗马军人数占优，又是主场作战，怎么会被劣势兵力几乎全歼呢？包围战效果为何如此突出？因为人们一旦被包围，就会立即被两种感觉拉扯。

* 一是恐惧感。四面楚歌，无路可退。一旦恐惧就会导致军心涣

散，指挥失灵，有效的军事组织开始崩溃，进而把庞大的军团变成一盘散沙。于是双方原本均势的对决，立即演变成单方面的镇压。

* 二是无力感。再大的能耐也需要发挥的空间和舞台。包围战压缩的就是发挥空间。近年来，我们听说过多起在著名景点发生的拥挤踩踏的恶性事件。很多原本健康强壮的年轻人，最终因为被局限在狭小空间内活活憋死。包围战也是如此，任你个人武功多么高强，战斗经验多么丰富，一旦陷入包围圈，往往就容易被横冲乱撞的自己人活活挤死或者踩踏倒地，多高的本领也发挥不出来。

作为一项复杂而困难的任务，创作长文章时，人们就感觉被包围了。

你会觉得恐惧。截止日期（deadline，这英文名字十分贴切）在一天天逼近，于是你无法气定神闲地按照计划完成每天的写作进度，而是惊恐地看着时间逝去，头脑中不断想象即将到来的糟糕后果，从而变得更加恐惧。

你会感到无力。再好的作者也必须有充足的时间才能完成阅读、研究、思考、创作和修改。截止日期从明年变成下个月，从下周变成明天……文学天才曹植还需要走 7 步才能吟出“煮豆燃豆萁”呢，一万字乃至几万字的论文，你真的打算一晚上搞定？若是真的一夜完成了论文，还能保质保量，那才叫没有天理。

打个比方，你原本的计划是每天围着 400 米的操场跑 4 圈，坚持一个月。这个计划想来是可以完成的，结果前 29 天你一圈没跑，要保证完成任务总量，第 30 天就成了跑马拉松。

奇怪的是，有的人写长文章却不拖延。游刃有余地搞定了毕业论文的人可能跟你一样喜欢运动、逛街，还花大把时间看剧。著作等身的名家未必一辈子都过着被编辑反复催稿的“悲惨”人生，他可能活得轻松、潇洒，甚至波澜壮阔。

他们要写那么多字，怎么会如此愉快？因为他们有秘诀。

卡片笔记写作法的由来

一流的作家可以写出精品，但是我们会听说他们写作时的痛苦经历。超一流作家可以轻松愉快地写出精品，于是他们更有可能发展自己的爱好，过得更幸福。纳博科夫就是这样的超一流作家。

纳博科夫不仅是优秀的作家，还是位有建树的昆虫学家。他经常跟着妻子（他自己不会开车）到野外追逐蝴蝶，一追就是十几千米。2011 年 1 月，英国皇家学会宣布纳博科夫的研究成果对完善灰蝶分类系统做出了重大贡献。

都是作家，人家时间富裕到可以追蝴蝶；同是昆虫学家，人家闲到能写小说影响世界。差距是怎么来的？面对记者，纳博科夫不止一次透露了自己愉快高效创作的秘诀——卡片笔记写作法。

纳博科夫从来不对整部书稿疯狂赶工，而是潇洒地在卡片上写下各种文字、画下各种图形。他说卡片就如同拼图的一角，他把创意记录在上面，然后用它们去拼出一整张拼图。

听明白了吧？“狡猾”的纳博科夫之所以没有被长文章写作包围和压垮，是因为他主动实施了反包围策略。反包围的关键，读过游击战史的话，你就非常清楚了——分而治之，集中优势兵力各个击破，消灭敌人有生力量……

只不过，纳博科夫选择的分割单位不是敌人的旅团营，而是一张张卡片。听起来很简单是不是？背后的原理却十分科学。

人类的智能不是用来处理宏大复杂的事务的。进化给我们带来的长处是快速反应——你能根据蛛丝马迹发现草从后面悄悄逼近的猛兽，然后赶紧跑掉（如果跑得掉的话）。与之对应，我们的头脑只能处理 7±2 个组块（chunks）的工作记忆，而且只能维持几秒。

生理结构决定了我们的认知习惯——如果任务太大，我们就会感觉心智负荷超载，于是心理上倾向于罢工。从理论上说，每个组块装进去的东西多，我们就能同时处理更多的内容。可惜实际你在主动记忆时，大脑往往倾向于把内容切割为过小的单位（例如字母、单词、短语）。所以如果你仅仅利用大脑的天然结构来处理信息，注定不会成为一名优秀的“长跑”选手。

卡片笔记写作法巧妙地帮助我们解决了上述两个问题——单张卡

片容量有限，我们每一次不用面对一页纸甚至一整章，只须写下很少的东西，任务就变得简单了。面对简单的任务，你的精气神可能一下子就被激发，想抑制住完成的冲动都不容易。每张卡片构成了一个组块，你可以以卡片级别组合它们，也就是纳博科夫所说的“玩拼图”。几张卡片的组合就是一个小节，几个小节可组成一章……直到完成整部著作。

同时，每一张卡片上至少都会有一段话，而不只是单一的字母、单词和短语，内容密度刚好合适。你可以把一张卡片想象成一个标准的集装箱。有了集装箱的标准化，运输的效率提高了许多倍。卡片也是类似的道理，它使得你创造的内容更易于管理和组织。

让人效率提高，压力减轻，卡片笔记写作法是不是很奇妙？

卡片笔记写作法能用来写论文吗

有的人这时候提出疑惑——老师，我想写的是论文，又不是小说，卡片笔记写作法用来写论文也可以吗？

答案是肯定的。

给你讲另一个奇人的故事吧。这个人生活在 20 世纪的德国，叫作尼克拉斯 · 卢曼（Niklas Luhmann）。卢曼是一位社会学家，而他当年学的专业可不是社会学，而是法律。毕业之后，他从事着朝九晚五的工作，社会学只是他的业余爱好。卢曼会用笔记卡片记录自己的读书心得，用卡片盒（Zettelkasten）来编织自己的社会学见解之网。可谁能想到，原本的业余爱好和独特的笔记方法，竟会改变卢曼的一生。

有一天，卢曼把自己的稿子拿给社会学家赫尔穆特·舍尔斯基（Helmut Schelsky）看，对方对他的稿子印象非常深刻，建议他到新成立的比勒费尔德大学去做教授。

到大学教书，把自己的兴趣变成专业，听起来是个好建议，不过要完成这个转变可不那么容易。在德国要做教授，不仅需要有博士学位，还要获得“特许任教资格”（habilitation）。在欧洲上学的同学可能对这个词比较熟悉。我在国内，之前还真没听说过这个词，所以我还专门查了它的定义，这里分享给你：“特许任教资格是一个人在欧洲及亚洲的一些国家可以取得的最高的学术资格。在获得博士学位或其他同等学位后，特许任教资格需要候选人在其独立的学术成就的基础上撰写一篇专业性论文，然后提交并通过一个学术委员会的答辩，其过程像完成博士论文，但是其学术水平必须超过博士论文所应达到的水平。有时，学术著作的出版是答辩的前提条件。”

对卢曼来说，这意味着要走向教职之路，他还差一个博士学位，以及一部比博士论文难度更高、挑战更大的著作。

换作是你听见别人给出这种建议，你会怎么说？（请认真思考 15 秒。）

卢曼的答复是："好啊！"

对比一下，这跟你的答案是否一致？

卢曼的做法是到大学里边选修社会学课程，边写博士毕业论文；几乎同时写用于申请特许任教资格的著作。选修课程并不难，但是写博士毕业论文呢？在今天，因为超过最长期限没有完成学业标准不能毕业的博士生比比皆是。一般来说，3 年能拿下博士学位已经很不容易，然而卢曼还需要花足够的时间完成一篇超越博士论文水平的特许任教资格专业论文……基本上也要花 4~5 年了吧？但是所有这些事情，卢曼花了多久完成呢？

不到 1 年。

完成博士毕业论文和特许任教资格专业论文，卢曼的方法依然还是利用他的卡片盒。顺利任教后，卢曼继续用他的卡片笔记写作法创作论文和专著。30 年间，他出版了 58 部著作、数以百计的学术论文，还不包含他的翻译作品。

最令人印象深刻的是，就连去世后，卢曼还出版了好几本著作。人都去世了还能出版著作？其实讲起来倒也没有那么诡异。临去世的时候，有几本书的手稿卢曼用卡片几乎建构完工了。可惜天不假年，他没有来得及给自己的学术大厦封顶就驾鹤西去了。同事和朋友帮忙做了些整理工作，这些著作自然也就在卢曼去世后名正言顺地以他的署名出版了。

从这里，你可以非常清楚地看到，卢曼的工作绝对不是单线程的，否则那几本著作应该一本本写完，而不会像这样好几本大部头同时铺开。我看过一部有关卢曼的纪录片，片中卢曼亲自给人展示他是如何用卡片笔记写作法来进行创意管理、素材积累和创作的。

只不过，从导演到观众，估计当时没有人把卢曼介绍的这部分内容真正当回事儿，因为“卡片盒演示”这一部分在整个影片中所占篇幅极小，几乎可以忽略，但卢曼过世后，人们好像突然醒悟过来：“这方法好像很好用啊！”

近年来，对卢曼式卡片笔记写作法的研究逐渐变多。这些研究主要都是德国人做的。德语虽然也是世界上的主流语言之一，但讲德语的人数比起英语和中文来，还真不算多。所以在很长一段时间里，对于卢曼式卡片笔记写作法的研究大都也就在德语使用者内部自产自销了。

这些人一直在推广卡片盒（Zettelkasten）这个概念。Zettelkasten 是德语，相当于英文的“slipbox”。研究者们希望对卢曼卡片盒的研究成果（包括流程、方法和软件工具）能帮助更多人。

但卡片盒真正“出圈儿”还是靠一本畅销书。这本书叫作《卡片笔记写作法》（*How to Take Smart Notes*），书的作者是德国学者申克·阿伦斯（Sönke Ahrens）。

申克在书中详细介绍了卢曼的生平，让世人领略到这样一位著作等身的优秀学者是如何中途转行，利用优秀的笔记方法达成自己的学术目标的。

在《卡片笔记写作法》里，申克把笔记分成 3 种：临时笔记、文献笔记、长期笔记。在课堂上记下老师的话给自己带来的灵感属于临时笔记；在吃饭时突发奇想，在餐巾纸上临时写下来的话也是临时笔记。文献笔记在前文中做了详细说明，长期笔记则是你最终用来写文章的组块。注意笔记组块构成了一篇论文、一本书，但它并不单单属于某一篇论文、某一本书。在后续的研究和写作中，你可以随时反复调用它，让它在不同的上下文里发挥它在不同方面的价值。卢曼式卡片笔记写作法和其他卡片笔记写作法的差别在于，当前工作是专注于一个具体项目，还是专注于构建自己的一个系统。

其实我觉得《卡片笔记写作法》的翻译方法不够现代化。笔记组成的结构并不仅是实体的卡片盒而已，而应该是一个复杂的网络。当你作为导游沿着一定的线路带着读者参观你的知识体系时，游览的路径就构成了最终的文稿，但是一个导游未必一辈子只能按照一条线路导览，所以某一个景点（卡片）可能在多条不同的导览线路里出现。笔记能重复使用，才是这个方法最重要和独特的价值。

如果你的目标只是写出毕业论文，顺利拿到学位证书，那卡片的可复用性，对你来说价值不是很高；但如果你希望继续深造，甚至将学术工作当作自己将来的事业，那么你越早搭建自己的卡片网络，越能获得独特的竞争优势。

我是 2020 年年初读的《卡片笔记写作法》这本书的英文版，它带给我的冲击特别大。在这样一个现代化的社会里，我们往往更加注重的是效率。你看看那些畅销书，很多都在强调效率这件事，但是方向其实更重要。如果你把方向搞错了，效率对你不但没有帮助，反而会让你更快掉进“坑”里。记笔记也是这样，如果你的笔记乱丢，每次只专注于记录某个项目，总是逼迫自己自顶向下挤压大脑输出，那么你的阅读和写作经历很难是轻松愉快的。

因此我建议你找来这本书从头到尾读一遍。很多同学读过后，都表示有了不小的收获。

这下你可以放心应用卡片笔记写作法来写作论文了吧？

如何将卡片笔记写作法用于论文写作

分析卡片记录的原理，我们就清楚了作为载体的卡片本身其实并不重要，而用卡片轻松拼出一个个组块，方便我们完成最终的“拼图”就可以了。

如果你使用传统的纸质卡片，用铅笔在卡片上书写，后期的转录工作可能会让你抓狂。纳博科夫用卡片用得轻松愉快，是因为他的夫人薇拉（Véra）充当了他的秘书、打字员、编辑、校对、翻译、书目编撰者、经纪人、营业经理、律师、司机、研究助理、教学助理。

这些人一间屋子挤得下吗？别瞎操心，关键的问题是你有这些辅助人员吗？没有的话也不要紧，现代技术可以帮助我们完成上述工作中的大部分，提升效率。

下面我们分别介绍输入、组织和输出 3 个部分。

- 输入

除了普通的键盘打字，你也可以尝试语音输入。语音输入的好处是方便快捷，尤其适合我这样不愿随身携带纸笔的懒人。

不少人尝试了语音输入，但是很快就放弃了，因为即便是当今准确率最高的中文语音输入法也有 3% 左右的错误率。对于长文写作来说，这给后期校对工作带来了很大的困难。有的时候，你会望着一个语句出神，思考自己当初究竟说了什么。这种情况确实让人感觉情何以堪。可如果你的写作目标只是一张卡片，语音录入出错的机会就少了很多。相应地，校对工作也容易了许多。

赵赛坡先生提出了一种先用语音记录笔记，然后快速进行文本转换的工作流程。我尝试之后觉得很有效。具体方法是利用手机的默认语音备忘录记笔记，这样你手头就有了一份语音底档；之后你可以利用人工智能将语音文件转换成文稿。例如，你使用飞书妙记来做转换工作，那么在转换后，你获得的不仅是文字稿，还有文字和声音的对应关系。遇到转译不知所云的部分，你可以直接点击文字，跳转到原始的语音，通过上下文，你可以立即搞清楚自己当时想要表达的意思，从而进行修订和完善。

在有的场景下，例如在教室或者图书馆中，语音输入并不是很合适，因为容易打扰到其他人。这时候，我更喜欢使用一些支持手写的笔记工具快速勾画出框架图。在 iPad 上，我尝试过多种手写笔记工具，但是对比了一圈，发现目前最好用的竟然是免费的 Apple Notes（备忘录）。它的响应速度很快，支持手写、贴图、加密，还能进行文本自动识别。更重要的是，如果你使用苹果生态的产品，那么备忘录上的记录会即时同步到你的各种设备上，方便你随时查看，你还可以在不同设备上接力修改。

• 组织

对于卡片笔记写作法来说，汇总与组织笔记的地方被视作你的“第二大脑”。近年来，许多工具都受到卡片笔记写作法的影响，不断推新，具体包含但不仅限于以下内容。

* 浮墨笔记（Flomo）
* Roam Research
* Logseq
* Obsidian

* Notion
* Heptabase

这些工具都可以作为你践行卡片笔记写作法的方式。它们大都支持双向链接和细粒度的上下文跳转功能。对于研究生来说，这些基础能力可以帮助你组织自己的文献笔记和长期笔记。

经常有同学问我应该选择哪一种笔记工具。其实在这样竞争激烈的领域里，但凡能长期存活的应用都是有其独特优势的。不过，你选用任何一款笔记工具用于组织卡片，也没有必要“从头到尾”把它每一个功能都学会，这又不是考试。我一直比较推荐张玉新老师（《善用佳软》一书作者）对于工具的态度，即“重器轻用”。一款工具有一项功能对我有用，我就专用它的这项功能。我的工具箱里可以有多种工具，分别用于处理不同的问题，甚至还可以组合起来发挥作用。

不过有人不喜欢这种使用工具的态度，觉得这样是暴殄天物，甚至还揶揄说这叫“差生文具多”。你听了之后心里难免会不舒服。不过没关系，能够坦然倾听别人的批评，也是一个研究者的基本素养。当然，你没有义务按照别人的预期去调整自己的行为模式，除非这样的改变确实对自己有益处。

• 输出

输出其实就是对卡片的拼接。当你已经有了一系列卡片时，拼接过程应该令你感到轻松愉悦，而且有成就感。

我用过不少卡片拼接工具。有的需要进行很多的设置和后续处理，有的则非常简易。这里我推荐几款给你。

* Ulysses
* Scrivener
* Gingko
* Quarto

我平时主要使用的是 Ulysses。Ulysses 可以把每一则笔记作为一个模块在不同的项目中随意拖曳，改变顺序。处理万字以下的普通长文写作，它完全能够胜任。不过如果你需要进行更长的专业学术文档（如研究生毕业论文）写作，Quarto 可能是个更好的选择。Quarto 的开发者之前制作了 RStudio 这个让统计学家爱不释手的数据分析与写作环境，有非常厚实的技术基础。Quarto 提供图表自动编号、章节交叉索引、参考文献列表自动生成等功能，可以在论文写作中帮你省去大量的做重复机械劳动的时间。

• 案例演示

我这里以写作《解决科研人痛点的大突破：Zotero 6.0 版有哪些亮点？》一文的过程为例，给你简要演示一下运用卡片笔记写作法写作的步骤。

首先，在快速记录阶段，我把很多想法直接以涂鸦的方式勾画在 Apple Notes 里面，如图 11-1 所示。

图 11-1　在 Apple Notes 里面勾画想法

之后，通过回顾输入的临时笔记，我会在 Heptabase 里面建立一张卡片，并且把手写的内容录入，如图 11-2 所示。

痛点

- 读
  - 以前没有办法随时阅读
- 综合
  - 笔记散落在不同的文献下面，必须通过外部的编辑器才能综合
  - 而且还要手动拷贝文献的 citation
  - 不支持细粒度引用定位，引用无非是到某篇文献而已
- 写
  - 没有办法把 permanent note 用起来

Card Info

图 11-2　在 Heptabase 卡片中整理临时笔记

然后，如图 11-3 所示，把一张张卡片都拖动并排布到 Heptabase 的白板（Board）上。你可以在卡片里放上需要展示的截图，以及相关的链接。

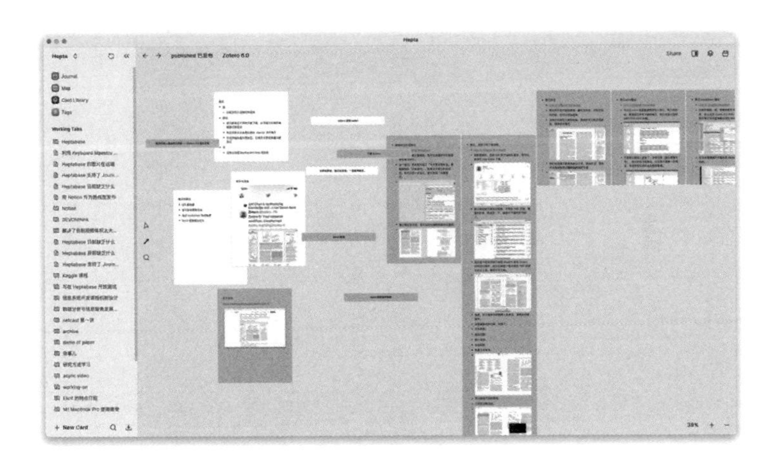

图 11-3　在白板上排布卡片，建立相关链接

一开始，卡片可能非常混乱，逻辑结构也有很多问题。许多内容放在一张卡片里，粒度太粗，并不合适，需要做拆分，但这都不是问题，可以通过后续操作快速解决。

在 Heptabase 里面，拆分方法非常简单，直接拖曳就可以了。拖曳出去的内容会形成新的卡片，而原始位置也会保留新卡片的链接。

其次，如图 11-4 所示，你可以调整这些卡片的顺序排布，并且通过连线确定讲述的线性步骤。

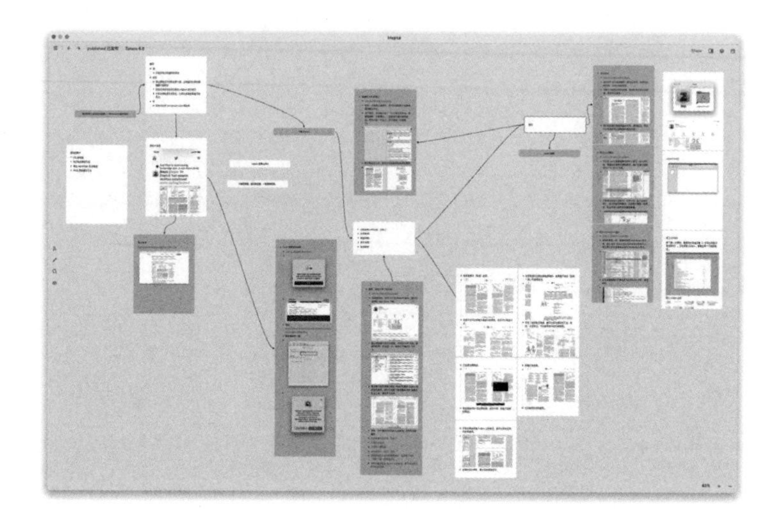

图 11-4 在 Heptabase 中调整卡片，建立连线

有了连线和基本排布，你就可以把卡片按照这个顺序一张张拷贝到编辑工具（例如 Ulysses）里面。这个过程完成后，Ulysses 中的初步线性草稿就基本成型了，如图 11-5 所示。

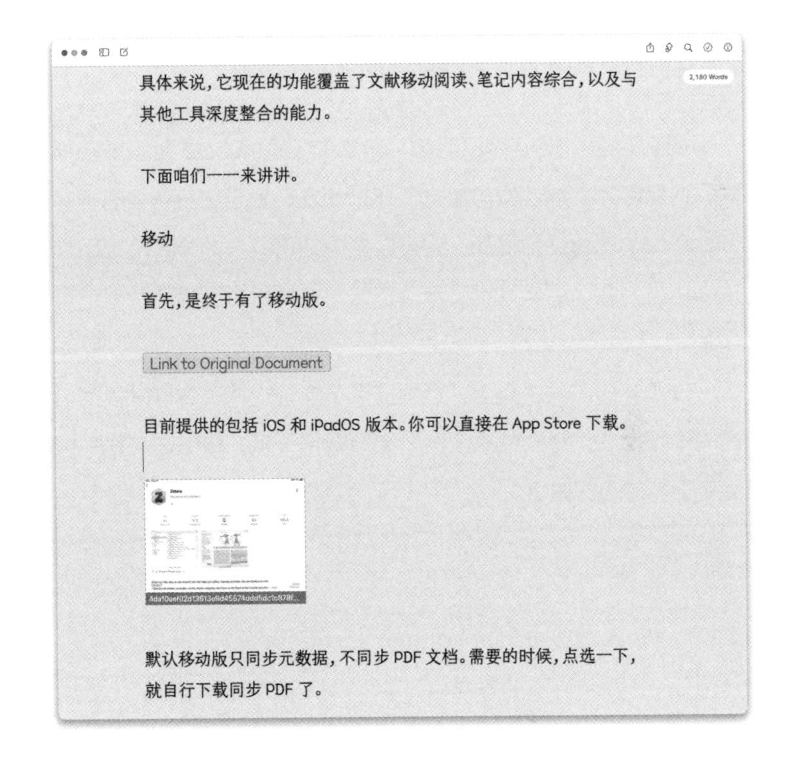

图 11-5　Ulysses 中的初步线性草稿

最后，你需要做的就是在草稿的基础上添加承上启下的连接部分，对缺失内容进行补充，以及完成后续的格式调整与润色工作。

从这个简单的样例里不难看出，卡片笔记写作法可以帮助你有效地聚焦在更小单元的写作上，减轻面对空白屏幕的痛苦。后续的卡片拼接和线性化过程，依靠优秀的卡片组织与写作输出工具可以变得比较轻松愉快。

小 结

读到这里，相信你已明白为什么自己写长文章会焦虑和拖延。这是因为“被包围的感觉”不断积压，直至你没有信心提笔开始写作。应对这种挑战，你可以参考纳博科夫的卡片笔记写作法来化整为零，卢曼教授又示范了如何在科研中运用卡片笔记写作法。

在具体的工具选择上，文中提供了多种选择，你可以根据自己的喜好挑选，对照我的案例来实际操作一番，相信在实践中你会有更多的心得体悟。

03

毕业论文写作简明样例

本书的读者群体主要是研究生同学。看到这一章的标题，你可能非常奇怪：我本科的时候写过毕业论文了，对此轻车熟路，为什么还需要样例呢？这是因为大学生在本科毕业时未必都写了毕业论文。很多同学可能是通过做毕业设计的方式获得学士学位的，对他们来说，补上这些基础知识很有必要。即便有些同学本科毕业时写过论文，可能某些学术标准实施起来，面对本科生也没有很严苛。仅从实证研究类毕业论文写作来说，相同专业的本科生毕业论文与研究生毕业论文在篇幅和研究深度上要求迥异，而基本模块和写作流程反倒大同小异，所以这里我用一篇本科生毕业论文写作简明样例展示实证研究类毕业论文写作应该注意的问题。样例非常简单，字数也不多，但还算是麻雀虽小五脏俱全。希望阅读后，能对你的研究生毕业论文写作起到一些助推作用。

大部分大学教师都认同，每年带本科生写毕业论文都会经历痛苦的过程。如果你写过本科生毕业论文，或者在网上看到过那些论文指导教师“泣血”诉苦的文字，应该不会太反对我这个论断。

指导教师明明把写论文的基本方法告诉了学生，指点他们到哪里查资料、读文献，满心以为学生可以从这些核心期刊上的优秀论文里获取足够丰沛的研究主题、内容与资料，而且还会学习到前辈们写文章的基本方法，至少期待学生能够照葫芦画瓢，完成本科毕业论文的训练。

可是学生往往拖到截止日期才提交初稿。指导教师一看，大多会怒火中烧——你的研究方法呢？数据在哪里？没有分析，怎么就有了原因，甚至还提了建议？于是指导教师责令学生全面修改。学生很听话，拿去改了，改回来却还是那样。几个来回之后，疲惫不堪的教师认定学生不思进取混日子，连“照猫画虎”这样简单的事情都不肯做，实乃“孺子不可教也”。

经历了多年的痛苦后，我学会了反思，据说这种反思是一种叫作“元认知”的宝贵能力。我总算找到了指导学生写论文让人如此痛苦的最重要原因——学生们缺乏基本功训练与手把手的初级简明指导教程。

有效样例的重要性

教师要求学生去读的文献（或者指定的期刊论文）都是好文章，文章的作者也都是高手，可是为什么学生参考学习的结果如此糟糕呢?

吴军老师说过:“如果美国学生写作的平均水平是 80 分，那中国学生写作的平均水平就只有 30 分。”[①] 你没看错，在写作训练上，差距就是这么显著。

在这种差距下，我们不妨思考一下，篮球教练怎么教初学者打球。是不是给他们播放 NBA 录像?等他们看完，就掌握了最为高深的篮球技巧，从此打球天下无敌，甚至能入选 NBA ?当然不是。看 NBA 录像学打篮球，更可能把初学者变成一个篮球观众（甚至变成一名篮球评论员）。他会觉得:“哦，原来身高必须在 2 米以上才能打篮球啊!原来进球的主要方式是灌篮啊!还必须反手扣。算了，我不玩儿了。”

初学者应该在教练的指导下，从原地运球开始逐步过渡到移动运球，然后上篮、投篮、防守、配合……基本的动作和意识都练好了，再去练习对抗和打比赛。

---

① 吴军.美国基础教育那么差，为什么能获得那么多诺贝尔奖?[EB/OL].(2017-02-23)[2023-03-10].

然而，本科生写作论文，如果直接去参考权威期刊的论文，就如同在没有摸过球的情况下，看了几场 NBA 比赛，就被推上场打正式比赛，而且规则明确，进不了球就不能毕业。于是他们焦虑、拖延……直到截止日期前，开始抓狂。

但是，我记得他们手里都有毕业论文写作模板，我找学生要了一份过来，才明白模板上面只有格式规范要求。可是，写论文真正需要的是格式规范吗？不，真正需要的是一份样例。

这份样例不应该详细注明字体、行距等格式规范，而应该相对完整地展示论文写作全过程。这份样例应当步骤清晰、简单易懂，最好还把各种容易让人掉落的大“坑”都标记一下，省得学生挨个掉进“坑”，再自己挣扎着往外爬。

各个学科的研究方法与研究范式都不同，即便仅考虑管理学领域，工商管理和信息管理的研究范式也大相径庭，所以我只用一个非常简单的实证研究来说明问题，为的只是让大部分专业的学生都能看懂。

至于研究范式，咱们就用实证研究好了。因为对初学者来说，比起理论研究，实证研究更为“接地气”。尽管实证研究无法完全显示你的学术素养，但易于掌握，让你有话可写，而且掌握好了实证研究方法，研究生阶段发表论文的机会也会更多。之前国内管理学顶尖期刊的主编来我校做讲座，提供了一个数据——该刊当年发表的论文，80% 都是实证研究。实证研究门槛相对低，流程标准化，所以就选它了。

这个样例中，我采用的研究方法是问卷调查方法。选择这个方法，不是因为我擅长。直接点说，我本人原先是学计算机的，博士阶段才进入管理学领域，对问卷调查这样的社会学研究方法的熟悉度并不高。其实，如果用深度机器学习或者复杂系统仿真作为研究方法范例，我写起来会更加得心应手，但是作为一份给科研初学者的教程，内容的取舍不应该以“我写着舒服”为准则。用那些方法，再加上代码和数学公式，估计读者会直接跳过这一部分。据我多年的观察结果，信息管理专业的学生特别喜欢使用问卷调查方法，但是在实际的使用过程中，展现的问题也特别多，所以我就把方法设定成问卷调查方法好了。在具体方法的应用上，请和你的导师或者教你研究方法与统计学的老师们多沟通。好在这是论文写作的样例，既不是研究方法教学，也不是一篇正式的研究论文。

因为这只是演示样例，所以我并没有真正去发问卷。为了保证数据真实权威，我从某国人口普查开放数据中随机抽样。注意你写论文时，可一定要实事求是，说清楚数据是谁收集的，怎么收集的，包括抽样方式和回收率、有效应答率等，不可有半点含糊。

我在每一部分都加入了注释，把初学者常犯的一些错误也一并列了出来。希望有需要的同学能仔细阅读。

下文中正文部分是样例，“注”所包含的内容是对样例的注释。

样例

题 目

《报纸阅读频率与自身财务状况满意度关联调查》注1

注1 这里注意题目字数有限，不要绕弯子，一定要直观体现你的论文要解决的真正问题。因为读者看了题目，就会迅速判定是否要继续读下去，所以题目要真实，千万不要做“标题党”；但是题目也要足够吸引人，至少让读者不反感，如果能激发读者的阅读兴趣自然更好。如果贵校风气比较开放，那你也不必把题目弄得那么死板，可以改成《爱读报纸的人是否对自己的财务状况更满意》之类的。不过我的看法是，在毕业的问题上保守一点似乎更有益处。

摘 要

移动互联网时代，人们的阅读呈现碎片化趋势，阅读报纸的行为似乎更多地被“刷”朋友圈替代。注2

注2 摘要里面需要交代研究的背景，凸显问题在背景中的意义。好的论文往往研究的问题并不大，但是能和宏大的话题联系起来，形成“以小见大”的效果。这样做可以让读者觉得你做了这个小研究，却可以推动宏大的话题与趋势进展，从而对你的选题更加肯定。

坚持读报的行为习惯是否有益处，是一个令研究者颇感兴趣的主题。注3

注3 说明研究的问题是什么，以及根据你的文献调查结果宣称该问题吸引了很多研究者的注意力，证明你所研究的问题的必要性和重要性。

本研究使用了问卷调查方法，分析了读报习惯与人们对自身财务状况满意度的关系。注4

注4 说明你的主要研究方法，让读者对你的研究有一个大概的预期。这里尤其要注意最好直接说明研究的自变量和因变量，给读者明确的预期。

在研究发现的基础上对人们的阅读行为提出了建议。注5

注5 这是升华，你的文章如果只局限于拒绝或者接受一个假设，那就跟做了道数学题一样，获得了智力快感，但是读者看着感觉不到趣味。如果把研究发现合理地延伸、推广，给人们提供行为上的指引，那效果就好多了。

引　言

根据 ×× 研究院 2017 年发布的《移动互联网……报告》，目前我国移动互联网用户达到了 × 亿人，用户日均在线时长 ×× 小时……仅 ×× 一款应用每天被打开的次数就达到了 ×× 次，页面平均驻留时间为 × 分钟。注6

注6 这份年度报告被滥用，你几乎可以在我们专业每一位同学的论文中看到。我不断揶揄这种写法，可是为什么我在这个样例里还要使用这份报告的数据呢？别着急，请看下一段。

根据 ×× 机构 2016 年发布的《媒体……报告》，我国报纸订阅用户数量变化为……人们每天读报花费时长为……注7

注7 看到了吧？上一段的数据不是白写的，它为的是和下一句进行对比。如果你这样使用报告数据，就会被认为是正当的。两句话用数据作为基础，说明不同阅读习惯的变化趋势。尽管你不列出数据，人们也会清楚感觉到自己花在手机上的时间越来越长，读报的时间越来越少，但是有这样坚实的统计数据作为基础，更能给读者以深刻印象。

我们进入了一个阅读碎片化时代。在这个环境里，人们越来越难以有兴趣和耐心读完一篇数千字的文章，更不要说专门花时间阅读报纸（张某某，2014）。注8

注8 通过前面的对比引出现象——碎片化阅读，读长文能力差，读报纸能力在减弱。注意，如果你只是把一条论断（claim）这么草率地说出来，那是绝对不行的，因为你没有提供足够充实的证据（evidence）。在引言部分，你无法通过自己的研究提供证据，所以需要借助他人的成果。要引用他人的成果，就必须标注来源。好的研究在进入主体内容前，都是在用文献的观点来说自己要说的话，甚至会有意把观点不同的文献拿出来制造冲突。这样可以吸引读者的注意力，引发读者思考。

那么，阅读报纸的行为习惯是否对读者有益处？注9

注9 问题出来了。但这样的问题过于宏大，作为初级研究者，你的论文不要尝试解决大问题，因为它包含的内容过多，而且涉及的变量可能干脆没办法测量。例如，会有哪些益处？有益健康？更快乐？更有成就感？更有安全感？更有钱？……所以，我们后面需要把大问题转换成可以驾驭的小问题。

针对这个问题，已经有很多学者做了相关研究。约翰逊（2010）讨论了家庭成员阅读报纸的频率与夫妻吵架次数的关系，史密斯和马斯特森（2013）探讨了阅读报纸的频率与投资绩效的关系……[注10]

[注10] 别搜索了，这两篇文献是我编的。这是个样例，两篇文献是为了叙述流畅而做的虚拟填充。注意你在写作论文时可千万不能瞎编，要实事求是地去找文献。把与本选题紧密联系的与读报相关的重要研究都说一下，告诉别人“我做的研究很重要，你看，这么多学者都在研究这个问题！”，然后下面是关键。

根据我们对现有文献的梳理，尚未发现报纸阅读频率与自身财务状况满意度的关联的研究成果。[注11]

[注11] 这句话一定要说得谦逊和委婉，还要留有余地。有的同学在 CNKI 中用中文关键词没搜到相关文献，就说“目前尚未有 ×× 方面的研究成果，我们开创性地提出并且解决了这一问题”。这会给自己带来麻烦的。中文文献没有，研究成果就不存在吗？英语文献你看了吗？搜索的关键词用对了吗？文献来源找全了吗？就算英语文献你都看了，日文的你看了吗？俄文的呢？…… 你找不到的东西不一定代表没有，所以话千万不要说得太满，论断尤其要避免傲慢和执拗。

本研究的目的为探讨报纸阅读频率与自身财务状况满意度的关联，并且在此基础上对大众阅读行为提出建议。[注12]

[注12] 这样就顺利地通过前面的论述引入你真正要研究的选题了。“报纸阅读频率”显然是可以测量的，“自身财务状况满意度”比起“益处”也要精细很多。

文献回顾 注13

注13 文献回顾主要是为了论证一个问题——你要做的研究有没有必要性。因为当你选定一个有趣又有价值的题目时，往往要查看一下，这个题目是不是被人做过了，如果人家已经做过，那就换其他题目好了。

这一部分很重要，但这个样例是虚拟的，也不是我的研究方向，所以我就不在这里继续给你“编”文献了。参考文献的寻找方法与文献回顾的写法请参见文献篇。

但是请注意，有些人喜欢在这儿投机取巧。因为查论文、读论文是件辛苦的事，他们不想付出努力，却想要装成博览群书的样子，所以他们会把别人的文献回顾找来，东拼西凑，试图蒙混过关。你要明白这个世界上有种东西叫作查重系统，剽窃的恶果就是这个部分的重复率会陡然提高。现在的查重结果都是有记录的，将来相关不良记录很有可能和你的个人诚信档案相连接。相关不良记录可能在你毕业后很久还影响你的工作与生活。请务必审慎，不要为了一时之快导致糟糕的后果。

还有的人自己找了一些文献，但是根本不愿意花时间细读，就把别人的摘要调整一下语序摘录在此，甚至连“本文”这样的词汇都原封不动拿来使用。如果你以前不懂，也就算了。今天我告诉你，这样是不行的。导师和答辩委员们对此都很敏感，在成绩评定上会给你合理反馈。

研究设计 注14

注14 行文至此，才终于算是进入研究主体（或者叫实质性）部分了。因为前面的部分你虽然花了很大的心力，包括找文献和想措辞，但是那些文字并不能体现你的研究。接下来的论述，才是展现你研究功力的舞台。这个模板中列了一堆小标题，但是对实证研究来说，最重要的是两处：研究方法和数据来源。

研究方法

本文采用了问卷调查方法。注15

注[15] 有的同学误以为关于研究方法的内容写得越多，显得自己越有学问，所以就生捏硬造出各种方法，甚至连统计分析中具体的模型名称都放了上去。实际上，研究方法的数量与论文质量并不存在正相关关系。对某一个选题，用合适的方法做研究，才是最重要的。

在问卷设计中，本文借鉴了某某关于社会经济地位调查的研究和某某对 × 国 × × 行业从业人员的收入满意度调查……[注16]

注[16] 使用问卷调查方法做研究的论文很多，找其中权威的论文加以参考和揣摩即可。注意对于问卷这种测量方法，你需要进行信度和效度检验。信度是指你用当前的问卷这把“尺子”多次测量，结果应该是一致的，尺子不能一会儿伸长，一会儿缩短；效度是指你测量的东西和你想测量的东西是一样的。不能用体重秤测量身高，也不能用皮尺测量体重。效度检验有多种维度，需要一一检查。关于信度和效度检验的方法，请参考研究方法类教材。篇幅所限，本文就不展开演示了。另外别忘了，要把完整的空白问卷放在附录里面，答辩委员们应该都会往后翻看。

数据来源

我们采用了随机抽样的方式在全国范围内共计发放问卷 8000 份，回收 7602 份，回收率为…… 我们对回收的问卷进行了检查，剔除 568 份有缺失值问卷，最终有效问卷数量为 7034 份。[注17]

注[17] 注意随机抽样这个词的分量。如果你这么写，那必须真的是随机抽样。许多人用问卷星发调查问卷，拜托同班同学和亲朋好友填写并转发。这种便利抽样或滚雪球抽样不是不能用，但不能用来代替随机抽样。因为不同抽样方式获得的数据质量和代表性是不同的。

探索性分析 注 18

注 18 称探索性分析是为了显得专业。这部分的实质就是描述性统计，即把采集到的数据输入计算机，然后把分布图表绘制出来，看图说话，介绍一下这些数据的基本情况。

我们把采集到的 7034 份问卷录入计算机，使用 R 统计系统对不同变量进行了汇总和可视化分析。

读报频率分布如表 12-1 和图 12-1 所示。

表 12-1　读报频率分布 注 19

####	每天	每周几次	每周一次	低于每周一次	根本不
####	3418	1519	693	537	867

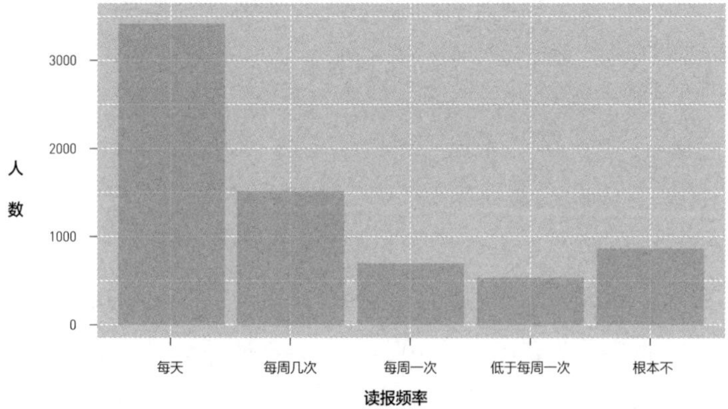

3000
2000
1000
0
人数
每天
每周几次
每周一次
低于每周一次
根本不
读报频率

图 12-1　读报频率分布

注 19 上面这种数据表格和图之间出现连排，中间连过渡性叙述文字都没有，也是不合适的。不要觉得图表不言自明。它们是你证据报告的一部分，不能替代你的文字论证。

我们调查的对象中，有 3418 人声称自己每天都要读报纸，该分组的样本数量最高；537 人很少（低于每周一次）读报纸；更有 867 人说自己根本不读报纸。

而个人财务状况满意度分布如表 12-2 和图 12-2 所示。

表 12-2　个人财务满意度分布

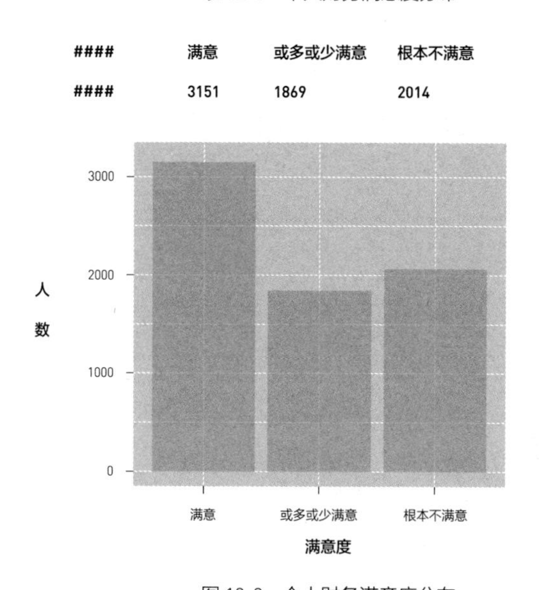

####	满意	或多或少满意	根本不满意
####	3151	1869	2014

图 12-2　个人财务满意度分布

3 个分组中，对自己财务状况满意的人数量最多，为 3151 人；其次是根本不满意的，为 2014 人；或多或少满意的人数最少，为 1869 人。

我们把读报频率与个人财务状况满意度两个变量综合起来，绘制成图表（见表 12-3 及图 12-3）。

表 12-3　读报频率与个人财务状况满意度综合分布

####		满意	或多或少满意	根本不满意
####	每天	1525	710	1183
####	每周几次	696	445	378
####	每周一次	318	235	140
####	低于每周一次	223	190	124
####	根本不	389	289	189

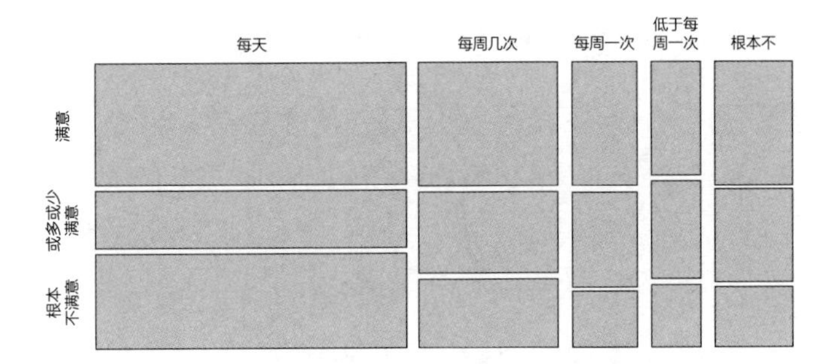

图 12-3　读报频率与个人财务状况满意度综合分布

从图 12-3 中，我们可以清晰地看到不同的读报频率与个人财务状况满意度结合形成的 15 个单元格（cell）。单元格的面积代表了人数的多少。从图 12-3 可见……[注20]

[注20] 你可以更为细致地探讨其中令人感觉新奇或者感兴趣的细节问题，这里我就不展开论述了。如果存在多张不同变量关系的图表，你可以选择读者想要了解的进行叙述。但是要注意，应言简意赅，无话则短。有的同学把几乎所有能找到的变量都在这里进行了展示，然后用大段文字叙述，无非是在凑字数而已。答辩委员一眼看过去就心中有数，于是你的成绩会被进一步压低。

统计推断 [注21]

注21 有的同学做完前面的统计图形绘制就以为完事大吉了。这可不行，作为实证研究的论文，你要提出假设，并利用统计推断来推翻或者验证它。只有做完这一步，你才有底气去提建议或者对策。

研究假设

原假设（H0）：读报频率与个人财务状况满意度相互独立。[注22]

注22 所谓原假设就是你希望拆掉的障碍。一般来说，你在写作时已经有了初步的判断，后续的统计推断过程基本上就是用证据驳斥它。

备择假设（HA）：读报频率与个人财务状况满意度相互不独立。[注23]

注23 备择假设是你希望最终能被保留的，通过把原假设推翻，你可以让它通过本研究的检验。

假设检验 [注24]

注24 做假设检验时一定要记住，用 R、SPSS，甚至 Excel 得出统计结果之前，请务必回忆一下统计学知识，看你的数据是否满足某种统计方法的适用前提。

下面进行条件讨论。

读报频率和财务状况满意度都是分类（categorical）数据。讨论两个分类数据的关系，我们需要使用卡方独立性检验（chi-square independence test）。要使用该检验，我们需要考察数据是否符合条件。

条件一：独立性。

- 在数据来源部分，我们说明了本研究采用随机抽样。
- 有效样本个数 7034 个，小于全国总人口数量的 10%。
- 每个样本在分类表中只能出现在某一个单元格中。

由以上 3 条可知，我们的数据满足独立性条件。

条件二：样本规模。

在分类表的每一个分类里面，样本数量都远远大于 5，因此符合样本规模要求。

条件一和条件二同时满足，卡方独立性检验适用。

样本分布与卡方分布图形如图 12-4 所示。

```
####    响应变量：分类[ 3层 ]
####    解释变量：分类[ 5层 ]
####    观察:
####    y
####    x                 满意        或多或少满意    根本不满意
####    每天              1525        710            1183
####    每周几次          696         445            378
####    每周一次          318         235            140
####    低于每周一次      223         190            124
####    根本不            389         289            189
####    期望:
####    y
####    x                 满意        或多或少满意    根本不满意
####    每天              1531.1513   908.1948       978.6540
####    每周几次          680.4619    403.6126       434.9255
####    每周一次          310.4411    184.1366       198.4222
####    低于每周一次      240.5583    142.6860       153.7558
####    根本不            388.3874    230.3701       248.2425
####    原假设：读报频率与个人财务状况满意度相互独立
####    备择假设：读报频率与个人财务状况满意度相互不独立
####    卡方= 181.2194，自由度 = 8，p值 = 0
```

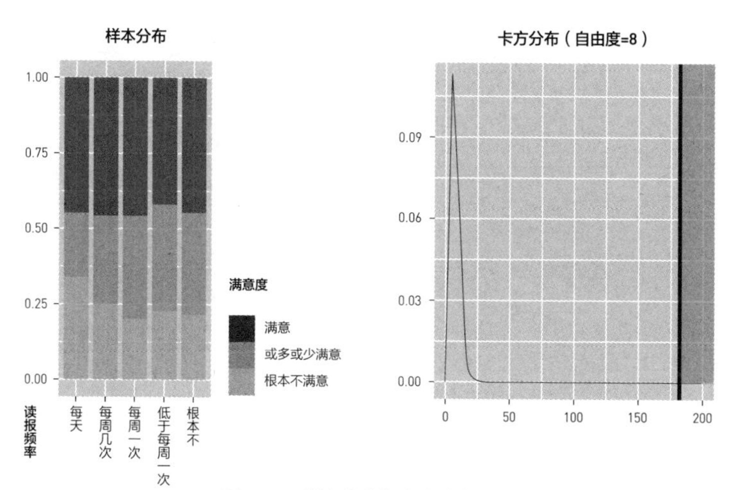

图 12-4　样本分布与卡方分布图形

因为 p 值几乎为 0，因此我们拒绝原假设，保留备择假设，即“读报频率与财务状况满意度相互不独立”。[注25]

[注25] 科学是个不断演进的过程。备择假设只是暂时被保留而已，很可能在未来会有新的证据推翻它，所以论述的时候要严谨，千万不要提“本文证明了‘读报频率与财务状况满意度相互不独立’”。你使用的这种研究方式证明不了这个论断，千万不要错误宣称研究发现。

讨　论[注26]

[注26] “讨论”这个环节总会让人感觉很奇怪。讨论什么呢?

其实，这里主要是一些自问自答，就是你质疑自己前面的研究发现，然后自己清除这些质疑。可这依然很奇怪，如果你的研究从头到尾都是符合规范的，那得出来的证据可以有效论证自己的断言（claim）不就行了吗？何必多此一举呢?

这绝对不是多此一举。因为即便你的研究过程没有疏漏，结果阐释也能自圆其说，却也只是表达了你自己单方面的见解。就如同你参加学术会议，每一场报告的后面总会安排问答环节。为什么要让观众提问？因为每个人的立场、视角、经验都有差别，在你看来顺理成章的推导，别人未必认同。你需要用论证的方法消除对方的疑惑。写论文的时候，你无法给别人一个即时问答的机会，那就需要你在得出结果后，自己安排一个看似自问自答，但实际上是消除别人的疑惑的环节。

这一部分如此重要，以至于我们在写作篇的最后一部分还会再次提到它。写好这一部分，不但有助于毕业论文的顺利通过，也对提高期刊和会议论文投稿的命中率有很大帮助。

行为建议

本文经过统计推断后，保留了备择假设，即“读报频率与财

务状况满意度相互不独立”。对于那些想要提升自己财务状况满意度的读者，建议多多读报。注 27

注 27 我们这篇论文研究的内容很简单，把行动建议列为一章是不够的，但是如果你研究的问题稍微复杂，并且与实践结合得更紧密，这样就顺理成章了。当然提建议之前，请务必再次审视你的分析结果，看是不是这么回事。我知道你心里会有一种预期，认为能坚持读报的人更有毅力，摄入优质信息的能力更强，因此财务上……所以应该多读报。

且慢，真的是这样吗?

其实你的统计推断根本不能得出“多读报→个人财务状况好”这样的结论。请注意其中的逻辑。

首先，你的研究做的是相关分析，而不是因果分析。如果你想做因果分析，必须设计实验，随机分配对照组进行比对。相关分析并不是因果分析。

而且，你只是得出了“读报频率与财务状况满意度相互不独立”这样的结论。什么叫不独立? 就是读报频率不同，财务状况满意度的组间分布会有区别。

让我们回顾一下前面的分类图。

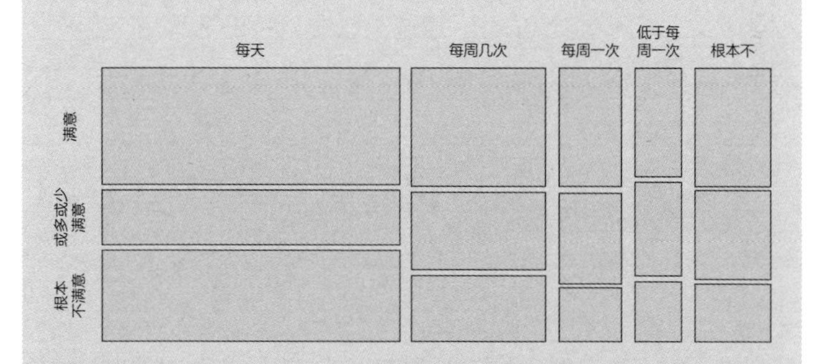

你会发现原来随着读报频率提高，不满自己财务状况的比例越来越高。换句话说，读得越勤，感觉越糟糕！那还读什么报?

其次，进一步往深处想，真的“读得越勤，感觉越糟糕”吗? 我们并没有调查实际收入情况，这里的财务状况感觉糟糕，仅仅是被调查者的主观感受而已。

这不仅与收入的绝对数量有关，也和被调查者的生活习惯等因素有关。例如，你每个月收入 5000 元，可一向节俭，以 3000 元就可以养活自己，每个月都有 2000 元结余，所以你对自己的财务状况满意；你每个月收入 5 万元，但是见到奢侈品就挪不动脚，“月光”都算是好的，动不动就会出现财务赤字，那恐怕你对自己的财务状况会感到强烈不满。

最后，进一步深入探讨，对财务状况不满一定是坏事吗？也不一定。“知不足，然后能自反也；知困，然后能自强也。”因为对财务状况不满而奋发图强，争取更多的收入，勇往直前，难道不是一件好事吗？

所以你看，一份分析结果可以从多角度进行合理阐释与延伸，而你所说的每一点发现和建议都必须紧扣自己的分析结果，不能脱离结果自说自话；尤其要避免南辕北辙，建议与分析结果相反，那样轻则贻笑大方，重则影响毕业了。

结　论[注28]

[注28] 这一部分主要分成 3 段。先说你的研究发现。

本文采用问卷调查方法，通过卡方独立性测试检验了读报频率与个人财务状况满意度的关系，研究结果表示二者并不独立。[注29]

[注29] 然后，就是说你的研究限制。把你已经竭尽所能，但是确实由于客观条件限定，无法做到满意的事项列出。

由于时间、人力资源等因素的限制，本研究只做了相关性检验，没有对不同变量的因果关系进行进一步考察。[注30]

[注30] 本科生毕业论文的定位是让你熟悉科研工作的过程，因此你不仅按照标准化方法做出了结果，而且能从实践中总结出经验教训，这也是达到了训练目标的体现。

在今后的研究中，我们会进一步完善研究设计，并且采用实验的方法探索读报频率与个人财务状况满意度等变量的因果关系，为移动互联网时代人们的阅读行为提出更合理化的建议。[注31]

> [注31] 最后就是展望了。

参考文献 [注32]

> [注32] 著录参考文献一定要符合标准，不建议手动处理参考文献。可以使用 Zotero 等专业的文献管理工具自动生成参考文献列表，这样不仅格式符合要求，而且修改起来也能自动对应调整序号，非常方便。

附　录 [注33]

> [注33] 别忘了把你的问卷放在这里！

致　谢 [注34]

> [注34] 有没有这一部分要看学校的格式要求了。有的同学从网上找致谢模板，直接贴过来，甚至连指导教师的姓氏都没弄对。不要以为这一部分没人会看就不认真对待。

小 结

样例到这里就写完了。你拿到这个简陋的模子后，就可以了解本科毕业论文写作的基本模式了。希望你仔细读过后，可以总结梳理出这个模板有意无意暴露的错误，以及思考如何在自己的毕业论文里面避免。

光掌握模板是没用的，成功的背后离不开扎实的功夫。踏踏实实读文献、规规矩矩做研究、认认真真写论文是你给自己阶段性的学习生活画上句号的一个好方式。

加油！

04

论文写作时容易被忽视的 4 个内容

对于初学者来说，写作长篇的科研论文是个艰难的过程。有的同学仅仅为了凑齐字数已经拼尽全力，然而并非每一篇达到字数要求的论文都能达到质量要求。本文咱们探讨一下论文写作中一些容易被写作者忽视，但其实很重要的部分，希望能对你写好论文有帮助。

对象感

最近我在指导研究生写一篇论文，在这个过程中我们对文稿进行了反复的修改。回顾起来，发现修改之处大部分是关于语言表达的。这个修改过程让我有一些感受打算分享给你。

假设你要给别人介绍一样东西，相关内容现在都已经齐备，比如调研结果、数据分析等，那么写作中如何把这些内容有效传递给你的读者呢？我发现自己的学生在这些方面还有很大的改进空间。

本文我给你介绍一个标准，帮助你判定自己论文的信息传递质量。这个标准，就是论文写作的对象感。

什么叫“对象感”呢？你在写作学术论文（准备发表在期刊上或者在会议上分享）时，一定要先弄清楚自己的读者是谁。他们应当是专业的学者。有人可能质疑这个说法：不对，我自己就是个学生，谈不上专业学者。我也看论文，不也算是学术论文的读者吗？其他论文的读者里应该也有不少我这样的情况吧？

你说得有道理，诚然科研论文的读者群体中不仅包括学生，也包括学术圈之外的人士。例如有的信息素养高的人会经常通过阅读学术论文来寻找商机，甚至是阅读论文以后自己动手，解决自己和家人遇到的问题。

但是你不要忘了，这些案例虽然存在并被你反复听闻，但大部分都来源于“幸存者偏差”。大部分人不读论文，这不会上新闻；少部分非专业人士读论文还能善加应用，却是很好的新闻素材。所以你听过、见过的例子，并不一定是常态。一篇论文发表后可能会“破圈”，让更多的读者见到，但是你仔细思考一下，一篇论文能不能发表，决定权真的在圈外人手中吗？不，一篇论文是否能够被录用发表，能否获得足够高的评价，甚至是否会被引用……这些决策，绝大部分是由专业学者做出的。

既然这类读者在一篇论文的生命周期中有如此高的权重，那么我们在写论文时，将他们作为假想的读者也就是顺理成章的了。

判定了读者的类型后，你再写论文时，就需要心中时刻装着这样一个审视你论文的专业学者。用户画像清晰起来，你便会更加认真对待他可能提出的要求。

例如，一些非常平淡的“句套子”一类的内容要不要加进来？有了对象感之后，你会很容易找到正确答案——显然不要。因为专业学者读你这篇论文时一般采用的是审读方式，他会分析寻找你这篇论文中的闪光点，以及可以为他所用的高价值部分。

比如，你发现了什么，这些新颖的发现是不是可以推动他的研究或者实践；你的研究方法用得是不是扎实，他可不可以在自己的后续研究中参考借鉴；你的讨论有没有把其他的可能因素都排除，保证你的结论在逻辑上被支持；如果引用你这篇论文，能不能支撑起他自己要表达的观点，或者你的论文能不能成为他研究的一个铺垫？……

在这样的审读状态下，你的读者不可能有闲心和耐心去一字一句地读这篇论文，而是想从这里面找出干货。这时，一看你论文中全都是平平淡淡落于俗套的内容，读者可能判断这篇论文的信息密度过低，因而立即没了阅读的兴致。

所以那些“句套子”，尤其是那些冠冕堂皇却没有实际意义的状语从句，不适合出现在论文中。关于这些“句套子”的例子，你可以参考英剧《是，大臣》（*Yes, Minister*）里面汉弗莱·阿普尔比爵士（Sir Humphrey Appleby）的长句集锦。这些经典桥段在国内主流视频网站上可以轻易搜索到。基本上，7 个单词就可以表达完整的内容，汉弗莱可以兜圈子地说出 70 个词，还滔滔不绝。

判断“句套子”的标准非常直接，就是看你能不能删掉它而不影响意思表达，如果能，那就干脆删除。这样一来可以提高论文的信息密度，会让专业读者产生兴趣，因为他们会更容易找到自己想要找寻的内容。

有人把论文称为“洋八股”。我们必须承认二者确实有相似之处，但是论文形式上的固定，却不是为了像科举考试那样判卷子更方便，而是为作者和读者建立一个共同的认知模板。这种认知模板就好像一些约定俗成的规矩，例如在大部分城市，想抽烟都需要到室外去，这就是共同认知。

同样，读者找寻自己想要看的内容时，也会因为论文的架构相对固定可以直接奔向某个部分（引言、研究设计或者结论），从而快速获取信息。在文献篇我们讲文献阅读的顺序时，恰恰就是用到了论文的这种结构化特性。你的论文如果从架构到叙述方式都可以让读者更方便地获取信息，那么它就是符合专业读者的需求的。

有了对象感，你在写作时就更容易控制详略，尤其是在要不要对背景信息做出过度详细的描述方面。有的同学不明所以，把论文写得跟教科书一样，事无巨细，从古至今全都介绍一遍，在研究设计甚至讲解什么是“问卷调查”或者详细说明什么是问卷的“信效度”。想想看，你的读者默认是专业人士，他们显然不需要你去介绍这些基础知识。你这样做，不仅会让读者觉得无聊，甚至还会让他们感觉到被冒犯。你应该把对方不感兴趣的内容统统删去，直奔主题，介绍与研究最为相关的信息。

有的同学可能已经写了一大堆不符合写作对象需求的内容，那么现在你该做的就是精简甚至删除它们。在前文中我提到过，我的学生每次面对这样的要求总会痛苦不迭，能码出这么多字想必也确实不容易。但是，如果你表达的内容与专业读者的口味相去甚远，那还是早删为妙，否则它可能永远没有机会通过学术界“把关人”的审核进入更广泛读者的视野。

开头

给我指导的本科生们修改毕业论文时，我发现了一个普遍问题——有的同学一上来就写特别宏观的东西。例如我们信管专业，有的同学不论题目是什么，开篇都要写“据第某次《中国互联网络发展状况统计报告》，网民已经到了多少人，其中移动互联网用户又增长了多少……”你对照一下，看看周围的同学，是不是也有喜爱把开头写成这样的？

这么写首先特别俗套。老师们一看就会觉得是不是你对自己的研究背景无话可说，所以就去找这些非常宏观的调查数据？另外别忘了论文都有查重的过程。查重报告里面，你写的这一段基本上会全部被标红。你可能会有侥幸心理，觉得自己用的调查报告是最新版的，之前的报告师兄师姐用过，但是他们用的版本跟自己不一样啊。可是你别忘了，这种报告的格式、体例都是标准化的、固定的，所以遣词造句难免会有大量重叠，就算是年份数字有差别，也很容易造成读者甚至是查重系统的“误解”。

为什么许多同学的开头就“落了俗套”呢？最主要的原因可能恰恰是之前长期的作文训练。作文的基础评判标准是，不看你是否有表达欲，只看你能否凑够字数，因此有的同学就习惯了按照固定格式来“堆料”，而且在大大小小的作文测试中屡试不爽，于是形成路径依赖，觉得写论文也该如此照办。

什么语句有利于字数的增加？当然是兜圈子、绕弯子。给你举个例子，我从好友王佩老师那里听到清代有这样一首打油诗：“天下文章数三江，三江文章数吾乡。吾乡文章数吾弟，吾为吾弟改文章。”

这首诗兜了一个大圈子，其实最终就是夸自己文章天下第一。且不论这论断是否客观公允，单说兜的这样一个大圈子，就类似于许多同学在论文开头的写作范式。

读者哪里这么有耐心看你兜圈子？在别人还愿意看的时间里，你要开门见山、单刀直入，把研究的问题说清楚。具体来说，一篇论文的架构大概如下。

* 第一，我发现了一个问题，不解决就难受（问题价值）。
* 第二，我看了一圈儿文献，别人没把它解决好，于是我来解决（研究必要性）。
* 第三，我用什么办法来解决（研究设计）。
* 第四，我获得了什么样的发现（研究结果）。
* 第五，你可能质疑我的研究结果，我预判了你的预判，所以提前答复你（讨论）。
* 第六，我解决得怎么样（研究结论）。

对应起来，引言开头部分就是问题的提出与价值论述。如果你是按照这种写法来写的，一开头肯定不会去兜这种大圈子，非要把一个宏观的东西先摆在那里，然后再逐渐往问题靠拢。

评判论文不是要看你的文采，也不是看你会不会含蓄地进行炫耀。找到真问题、好问题，然后通过论证去解决问题，这才是一篇论文该做的。希望你写论文时，至少第一句话不要再罗列宏观的、与具体研究缺乏关联的数字和资料，这样可以避免给专业读者留下负面的第一印象。

局限

看到这个小标题，你可能很疑惑：老师，学院发给我的毕业论文模板里好像没有“局限”部分啊？

没错，一般的论文模板只细化到它的上一级标题 —— 结论。毕业论文的结论，一般分为以下 3 个主要的部分。

* 第一部分叫作发现，即通过我所做的这些研究工作发现了什么。
* 第二部分叫作局限，即这篇论文还有哪些在我看来因为客观条件限制没有充分展现的地方。
* 第三部分叫作展望，即针对前面提出的种种局限，我后面继续进行研究时该怎样改进。

这些内容在前文的样例里我也大致提过了。这一部分之所以想跟你聊聊“局限”部分的写法，是因为最近我评审各种类型的毕业论文时，总会发现一个让人哭笑不得的现象——有的同学居然误以为“局限”这个部分的作用是免责，他们把论文的全部瑕疵不加区分、一股脑地放在这里，生怕自己列得不够全面。

举个具体的例子，比如有的同学使用问卷调查法没有参考相关理论和前导研究，自顾自地“设计”了一份问卷出来，然后在“局限”部分写“问卷由本人独立编写，但因为相关理论知识不全面，可能问项存在问题且没有经过专家验证，因此采集数据的质量有待进一步检验”。这部分翻译过来就是：“问卷是我瞎编的，调查对象能否看懂我都不知道，别跟我谈数据真实性，我自己都不信。”

再如需要进行样本抽样，原先想得挺好，打算分层随机抽样，但是有的同学嫌麻烦，就只找舍友和同学来填写。他们不好意思不填，但是拿过来一看，问题问的都是老年人的心理情况，而填问卷的人只有 20 多岁，只能瞎填。这时候，“局限”部分的描述就成了“为了保证研究顺利进展，最终采用了便利抽样方式，在代表性上可能受到一些限制”。

还有的同学明明要做大规模数据爬取，但是忙了一段时间后，发现自己无论如何都搞不定爬虫工具，就改成手工采集。然后在“局限”部分写道：“因为技术水平的原因，采用人工操作替代了自动化爬虫方法，采集的数据量仅有几千条，与预期数据采集规模有一些偏差……”他没好意思写的是，原本要采集的数据量是最终采集的数据量的几百倍。

如此种种，看过之后你有什么想法？在我看来，这根本已不是论文的局限，而是撒娇耍赖，“老师，我已经把错误都承认了，你还好意思不高抬贵手让我通过吗？”这是没用的，真放任这样的论文通过，就是对学术的不负责，也是对你个人的不负责。

真正的局限是什么？是指我已经竭尽所能，学习我原先没有掌握的方法，在有限的资源支持下把能做的工作做到了极限。例如面对问卷发放挑战，从各个渠道尝试找到真正的调查对象。我们学科有的老师为了调查某一个平时难以接触的群体，就趁着行业大会的机会，跑到会场门口一一发放问卷。这时候如果确实有效问卷数量没有预期多，也算是尽力了。再如你实在编写不出爬虫工具，也可以利用那些第三方在线爬虫应用来爬取，就算预算有限，只收集了几万条，也算你尽力了。

我们每个人都会受到客观条件的限制，老师也不会对你那么严格，但你是以一种什么样的态度来做研究的，这很重要。面对困难和挑战是畏缩逃避，用“局限性”来“甩锅”，还是迎难而上愈挫愈勇？这些从你的“局限”部分的遣词造句都可见一斑。当然，不同态度对应的评价结果也会大相径庭。

对策建议

社会科学中有一类研究问题叫作应用研究，其目标是给一个实际的问题提供解决方案。这一类研究如果写进毕业论文，对应一个专门部分，叫作“对策与建议”。很多本科生和研究生的毕业论文答辩都“折”在了这部分。

他们写毕业论文时特别喜爱干一件事情，就是把模型弄得极其复杂。不要以为他们是在给自己的研究提出更高的要求以使工作量更饱和。真正的原因是现有软件工具的统计和可视化功能很强大，把这些问卷和数据往软件里一放，就会生成很大一张图，摆满各种各样的因素及其复杂关系。不乏有心人试图用这种方式把评阅人绕晕。如果你跟着他的思路前行，就真有可能被搅入一团乱麻的思维，根本无法评判模型结果的正确与否。这种方法看起来既高端又保险，是不是真的很管用呢？

当然不是。

从长期的审稿评阅经验中，专家们早已总结出一个窍门 —— 面对复杂模型不去看那些不知所云的中间结果。评判社科应用类论文质量，只需要绕过这里，直接看后面的对策与建议，就可以迅速让"注水"论文现原形。

假如研究对象是某个机构的工作效率，在一番调查、访谈，并"折腾"出含有大量权重数值和置信水平标记的复杂模型后，有的论文对策和建议却是这样的："对员工进行…… 教育，让他们充分地意识到…… 重要性，对工作人员的…… 素养加以提升和普及……"

你立刻就能清楚，这篇论文的作者根本不知道自己在说什么。他的看似复杂的解题方法其实只是"灌水"。这篇论文通过模型构建分析出来的复杂因素的关联，根本没有体现在对策里，这就说明研究结果和对策建议根本没有关系，而这些假大空的套话的出现，直接说明了他的心虚。

前面讲的是对策建议的错误写法，那么对策建议究竟应该怎么写呢？

答案非常直白——结合研究结果来说话。有一分证据，说一分话。例如某些假设获得了支持，可与常识相悖，那么在经过充分讨论证明这不是分析错误后，可以审慎地提出建议，尝试增强某个因素，以期提升机构的效能。

另外对策建议要有可操作性。例如研究测量员工对于某一工作环节的理解是否到位，假如分析结果是不到位，你不能把“加强员工对它的理解”当成对策建议；你要继续深钻下去，例如你要分析“不到位”的原因是什么。只有你提出一个可行的办法，改变原因中的要素，从而影响到结果，才是提出了真正有价值的对策。

最关键的一点是，你得提出新的东西，提出别人不知道或者没有想到的建议。而你只有通过研究获得了新的认知，才可能有机会提出新东西。假设我们想把一个飞行器发射到另一个星球，那个星球的温度特别高，怎么办呢？这里你可以提出来，具体可以将飞行器替换为哪种材料，通过实验证明这种材料具有耐高温能力，而且适合那个星球的环境。否则你只提一句“我们要换上更耐高温的材料！”，这话当然很“正确”，只是说了和不说似乎也没多大区别。

对策建议可以非常直观地反映论文研究的深度、价值和水平。改进对策建议的写法时要注意 3 点：一是结合研究结果来谈；二是多问为什么，抓住真正的关键因素；三是提出新东西。

小 结

本文介绍了 4 个容易被论文写作初学者忽略的部分。

首先要注意的是文章整体的“对象感”。你应该把读者设定为专业人士，而不是外行。有了这个假设，你便能对很多材料进行取舍，以及进行论文的详略分配。愿你能用这种方法高效完成论文，让你的论文可以被更多人看到，获得更大的影响力。

其次本文给你介绍了开头、局限和对策建议 3 个部分常见的“坑”，并给出了避免落入“坑”的建议。希望这些提示可以帮助你提升论文质量，避免一些不必要的波折与麻烦。

05

正式提交论文前的 7 个自检问题

在选题篇，我讲了《 4 个让你的开题报告不通过的原因 》，梳理了提交开题报告之前你可以自己进行的一系列检查。如今，到了该提交毕业论文初稿的时候，你是不是还需要另一张检查清单呢？

我把这些年审查研究生论文的经验总结梳理了一下，总结出以下 7 个问题。

* 结论是否呼应题目？
* 结论是否有价值？
* 局限部分里有没有可做却未做的工作？
* 结果和结论是否有实质关联？
* 从结果到结论是否都经过了充分的讨论？
* 生成结果的分析过程是否有明显的错误？
* 采集数据的过程是否靠谱？

看到这个问题清单，你可能会疑惑——为什么不按照论文的线性顺序从前往后检查呢？

你可以做个实验，把这本书的某个段落拿出来，调整其中若干字词的顺序，让它绝对违反语法规则；然后拿这段话给同学或者朋友看，并且问他们能否复述段落大意。很多人正确回答了你的问题，可能都没有发现字词的顺序被调整过。这是因为我们对某一种语言文字太熟悉了，所以阅读的时候即便面对显而易见的错误，也会觉得毫无问题。

我们在做论文检查时，也要避免这种认知偏误。你对自己的论文已经非常熟悉，所以如果按照线性顺序来检查，往往会忽视很多问题。反之，如果按照清单的顺序来检查，许多问题就会凸显。当然，我还听说过某些学者提出可以干脆按照从后往前的顺序来检查文字，据当事人说这样做的效果也不错。这些检查手段其实都是为了避免思维惯性影响判断力。

另外，这个清单的顺序也与许多论文评阅人对论文质量的考察顺序相似。论文评阅人经验丰富，所以会根据以往积累的经验，采用“抓大放小、先易后难”的方法来查找论文中的不足。一旦其在前序环节找到了问题，就意味着学生的论文至少需要大改，甚至可能不通过，这时后面的问题也就没有必要继续检查了。

下面我顺着这 7 个问题帮你分析一下，通过清单检查的方法你可以避免哪些论文中的硬伤。

结论是否呼应题目

清单的第一条是“结论是否呼应题目？”

无论你写哪个学科的论文，通过一系列认真严谨的工作，你最终要回答一个问题，即你准备做的这个研究题目是否被解决？这其实就是你从小读课文时就很熟悉的概念——首尾呼应。

假设你的目标是提升某一项工作的效率。比如商户想通过用户评论了解其对商品或者服务的反馈，但是一一阅读用户评论是很费时间的。这时，研究者可能想到采用机器学习构建模型替代人工阅读。于是你采集了数据，生成了模型，进行了测试，证明机器学习构建模型可以在保证一定准确率的基础上，显著减少评论分析的时间。那么这个时候，提升效率的目的就算达到了。整篇论文至少从题目和结尾上看可以做到“自圆其说”。

相反，如果你的目标是往东走，研究的结果却是去“西天取经”了，这就有问题了。我平时在审稿时，经常看到有的同学没有把握好研究问题，到了结论部分就写飘了，结论跟题目要解决的问题南辕北辙，甚至毫不相干，这就很糟糕。

这一部分的检查方法就是再读一遍自己的结论，然后检查是否呼应了论文题目。如果发现有问题，赶紧弥补。

结论是否有价值

清单的第二条是“结论是否有价值？”

有的同学做的是对策研究，结论部分提出了若干条对策，这看上去确实做到了首尾呼应。可问题在于，只要仔细读一读这些对策就会暴露一些问题。

有些同学提供的对策毫无价值可言，看起来都是正确的内容，但说不说两可。类似于“每个人都要多学习某某方面的知识”“呼吁上级主管部门加强监管”这样的话，就没有意义。

还有的研究结论“拾人牙慧”，甚至干脆就是“重复造轮子”。明明别人做了类似的研究，得出了非常有效的结论与对策，你拿过来应用在相似的场景中，以相同的研究方法得出了没有实质性差异的结论。这实际上非常忌讳，因为已经有“剽窃”的嫌疑。

其实，通过文献回顾部分，你应该已经充分了解目前学术界已有的研究成果和进展。如果你辛苦做出来的研究结果当真无法在别人的研究基础上更进一步，不如尽早换一个题目来做。

局限部分里有没有可做却未做的工作

清单的第三条是“局限部分里有没有可做却未做的工作？”

我在前文已经讨论过这个问题，但是因为它在学生的论文中太普遍，所以我认为有必要把它列进这张清单，提醒你着重检查。简而言之，不少同学有个误解，即局限部分是“免责条款”，只要把自己论文中的弱点写在里面，这些弱点就不会受到指摘。

有经验的老师只要扫一眼局限部分，大致就明白了你论文的斤两，甚至可以直接借用局限部分的内容让你的论文不通过。这不是弄巧成拙、“不打自招”了吗？

在提交论文初稿前，请认真查看你在局限部分写下的内容。如果你发现某些问题是可以进行补救的，把它做出来写在正文里，然后将其从局限部分挪走。要确保留在局限部分的条目确实都是你已经穷尽自己所能，却因为客观性条件的限制着实无法达成的目标。

结果和结论是否有实质关联

清单的第四条是“结果和结论是否有实质关联？”

我不止一次见过有的同学结论或对策写得非常详尽，抒发了很多自己的想法，让人看了觉得眼前一亮；可是仔细一看，他前面的分析结果和后面提出来的对策建议、结论居然毫无关联，其论文所展示的整个研究过程根本无助于他得出这样的结论。这很可能是因为他预先设定好了一系列结论，然后试图通过一些研究的结果来证明，而这个论证又不能成立。于是，他为了能交稿，只好把这些逻辑上不相干的东西拼凑到一起，试图蒙混过关。

我需要跟你强调的是，上述做法绝对不是研究中可以容忍的，这样做很不妥当。你在提交文稿前，一定要看好研究的结果和结论是否真的有关联。如果二者之间真的差距很大，那么你需要修改论述，使其达到统一。相应地，你可能还需要对题目做出调整，使其能够保持一致。不过出现这种情况时，我建议你一定要及时和导师取得联系。因为通过了开题报告会的题目，如无充分理由是不应该发生重大调整的，否则会有二次开题的风险。但如果你对这种问题加以掩盖和隐瞒，可能到了提交稿件甚至答辩时，你会受到严重的影响。

从结果到结论是否都经过了充分的讨论

清单的第五条是“从结果到结论是否都经过了充分的讨论？”

注意，结果不等于结论。结果可能是数字、表格、图像等，它们形成的是报告；而结论是你的论断（claim）。同样的一张图用到不同的研究背景下，要表达的最终含义可能是完全不同的，可是很多同学恰恰满足于得到“研究结果”就止步不前了。为什么呢？因为在不少同学眼里，通过如此复杂的科研方法、流程得到结果，自己已经付出了足够的努力，应当算是完成任务了。

我总跟自己指导的研究生说，如果你对自己毕业论文的质量拿不准，解决方法很简单——将其总结成一篇小论文投出去，编辑和审稿人会很快给出专业的反馈。不过审稿人一旦在意见里提出某个问题，八成意味着拒稿。这个问题就是“So what”（那又怎样）。

如何处理“So what”问题，大有学问。为什么你写的这篇文章叫作“论文”？就是因为你要在其中充分“论述”。简要提炼一下，论述部分的写作要注意以下 3 点。

* 充分阐释结果，消除误解。
* 利用严谨的论证逻辑获得认同。
* 加入足够的“感动”元素，促成专业审稿人的“开门”行为。

具体而言，论文价值展现的关键部分在于“讨论”。许多研究生见惯了师兄师姐们的毕业论文，往往忽略了“讨论”环节的意义，觉得无关痛痒。但事实上，“讨论”环节不是让你对研究发现进行简单复述，更不是无端进行拔高和“升华”。

论文写作中的“讨论”部分是全文亮点的开始。要想真正感动审稿人，就一定要在这里下足功夫。讨论环节一般会分成3个部分：“研究发现”“理论贡献”“实践意义”。注意这3个部分的内容一定要和前面引言中的内容相呼应，这样方能一气呵成、前后照应，呈现坚实的一致性。

而对实践意义的阐释非常能显现“展示价值”的高下。这部分内容不能过于谦虚保守，让人觉得你的研究如温水，做与不做一个样；也不能过度拔高，给人一种“包治百病”的滑稽感，进而让人产生不信任感。火候的拿捏至关重要，但怎么练成这种火候拿捏的功夫呢？没有捷径可走，只能多读好文献。假如你是图书情报领域的研究生，好文献的来源之一就是图书情报领域权威期刊JASIST的年度优秀论文。

2011年7月，在我参加的南开大学信息行为研究年会中，武汉大学沈校亮老师在报告中就把近年来JASIST的年度优秀论文一一列出，还以一篇2020年发表的优秀论文为例，列出题目和摘要等部分，带领大家一步步分析和揣摩。年度优秀论文所经历的检视更为细致，其在更多双眼睛的注视之下，依然能感动专业人士并脱颖而出，必然有其原因。秉持着“取法乎上”的原则，你的学术能力和品位可以提升得更快些。

生成结果的分析过程是否有明显的错误

清单的第六条是“生成结果的分析过程是否有明显的错误？”

如果你的论文顺利通过了前面 5 条的检查，就非常不容易了。不过“行百里者半九十”，审视还没有结束。

这一条分析的是你获得结果的过程是不是靠谱。更为精确地说，就是这个过程里面有没有错误。

不知道你还记不记得高中数学的解题过程。有些大题你写得非常流畅，结果发现分数被扣了至少一半，为什么？因为你没有进行条件枚举分析和讨论。这样一来，你的答案其实是有问题的，只能在某些条件下成立，并不完整。

同样的问题在你做研究的过程中也要注意。例如你的信效度检验方法是否合适？有没有进行足够的变量独立性检验？有没有查看样本数量是否足够？你使用的总体分布预设是否恰当？在绘制图表时有没有根据变量的类型选择合适的制图方法？超参数的设置进行了合理调整吗？……

有经验的研究者看一眼就知道你在使用研究方法和工具时是不是“有专业基础”。如果你根本就没有对研究方法进行全面了解，只是“照葫芦画瓢”，难免会陷入“东施效颦”的窘境。做学问不要老想着“抄近道”，因为你的做法老师们看得一清二楚。

给你举一个实际的例子。有个学生的毕业论文用 LDA 主题聚类方法对互联网医院的留言进行分析，试图找到其中的主要主题类别。

这所互联网医院是全科医院，但是他得到的结果很有意思。

* 第一类是妇女疾病。
* 第二类是儿童疾病。
* 第三类还是儿童疾病。

面对老师的质疑，他一开始还试图搪塞过去，但发现无法自圆其说，于是他摊摊手表示，自己也对这个结果感到奇怪。即便这样，该同学维护起自己的研究结果依然振振有词。他说自己的主题个数选取是参照核心期刊论文的方法进行的，而这些最终结果类别都是在主题个数确定后由机器自动生成，然后他又人工根据对应的主题词进行分析汇总后得出的。在他看来，结果虽然奇怪，但是分析过程肯定没问题。

我只问他：“除了主题数量，LDA 其他超参数你是怎么处理的？莫非都用的默认值吗？”

他陷入沉默。答辩结果可想而知。

采集数据的过程是否靠谱

清单的最后一条是“采集数据的过程是否靠谱？”

分析过程靠谱并不能说明一切问题。如果你的数据本身就有问题，那么就算处理过程再小心翼翼，结果也只能是“垃圾进，垃圾出”。

我见过有的同学做了一个短视频平台用户使用习惯研究。他设计问卷时有个明显的疏漏——根本不去问别人平时用的究竟是哪个短视频平台。

我想如今的读者对于短视频平台都不陌生，你可能立即就发现这里面的严重问题——不同短视频平台的区别是非常显著的。有的短视频平台按照订阅频道推送，有的更注重算法推荐，还有的试图二者兼备。

如果不区分用户使用的平台类型，那么后续的问题，例如使用习惯、感受到的不便之处，甚至还有改进建议，到底是针对谁来提出的呢？这就好像你问别人对一种水果的印象，一个人心里想的是苹果，一个人想的是梨，另一个人想的是酸枣……每一个人回答时指向的对象全都不一致，你把这些答案汇总到一起又有什么意义呢？

被调查者搞不清楚你问的究竟是什么就提交了自己的回答，这样的数据汇总到一起，恐怕你更搞不清了。这样的调查能得到什么呢？不恰当的数据采集方法带来的必然是数据质量低劣的结果，那么后续的分析结果还有必要继续看吗？

小 结

咱们来总结一下，专业人士读论文并不是按照你预设的线性顺序往下读的。你在前面将文献堆砌得再丰富，其实作用都不大。他们的阅读顺序其实是从更能发现问题的角度来安排的。

你应该更加关注结论，要注意结论是否与题目呼应、有无价值、是否有局限性硬伤以及与结果的关联性。你需要注重讨论，这才是构成一篇论文的核心。你要解决“So what”问题，让别人能信任你的结论；你要关注方法的运用，这是见真功夫的地方，一定要避免“照葫芦画瓢”地滥用工具。最后就是注意数据的质量。一旦数据质量出了问题，就意味着整个研究的失败以及后续的返工，这很糟糕。

当你完成论文初稿时，请按照上述的问题清单一一检查，尽你所能避免在论文中出现这些问题，把剩余的相关疑惑逐条列出，反馈给导师。这样导师才能更为耐心细致地回答你的问题，“有的放矢”地给你帮助。

祝论文修改顺利！

06

用最新的 AI 技术辅助写作

横空出世

2022 年 11 月 30 日，OpenAI 发布了一个“新玩具”，一石激起千层浪。人们纷纷讨论它，并尝试用它做各种事情。它叫 ChatGPT。

你要是光看名字，会觉得它实在有些平淡。Chat 是什么，不就是聊天机器人吗？谁没见过似的。至于 GPT，很多人更是耳熟能详。两个并不算新奇的概念结合在一起能有什么令人兴奋的？实际情况是，在发布数月后，它依然有很高的热度。

如果你尝试过 ChatGPT，就应该知道，这不是“又一个聊天机器人而已”。

举个例子，假设你给 ChatGPT 一个任务，让它“写一个考研复试的自我介绍材料”。ChatGPT 会像下面这样回答你。

Q. 写一个考研复试的自我介绍材料。

尊敬的评委老师：

我非常荣幸能够参加今天的复试。我是×××，来自××大学××专业，现在正在报考×××大学的研究生项目。

在我的大学生涯中，我一直致力于掌握有关知识和技能，并通过参加各类竞赛和实习活动，为自己的发展奠定了良好的基础。我的成绩优秀，曾多次获得学校和专业的奖励。此外，我还有较强的研究能力和良好的沟通能力，并且具有较强的团队合作精神。

如果我能够进入×××大学的研究生项目，我将会更加努力地学习，不断提高自己的综合素质。我相信，在老师的指导下，我一定能够成为一名优秀的研究生。

此致

敬礼

×××

×××年××月××日

怎么样，这答案有模有样吧？有意思的是我在问题中提到过“评委”的事情吗？没有啊，这称谓它怎么学会的？怪哉。

假设你靠着 ChatGPT 的帮助，顺利通过了考研复试并拿到了研究生录取通知书，下面该联系导师了，怎么给导师写第一封信呢？还是直接问 ChatGPT 吧，这次它会这样答。

Q. 写一封联系研究生导师的信。

尊敬的××教授：

我对您的贡献表示衷心的感谢。我是一名渴望进入您的研究生班的年轻学生，名叫×××，目前就读于×××大学××专业。

我对您所从事的研究领域非常感兴趣，特别是您在××方面的杰出贡献。在我的学习生涯中，我一直致力于掌握有关知识和技能，并通过参加各类竞赛和实习活动，为自己的发展奠定了良好的基础。我相信，如果能够进入您的研究生班，我将有机会深入学习和探究，为自己的未来发展打下坚实的基础。

因此，我诚挚地请求您接受我作为您的研究生，并给予我您宝贵的指导。我将竭尽所能，努力学习，不辜负您对我的帮助和信任。

此致

敬礼

×××

×××年××月××日

我看完这封信后实在有些想笑 —— 我之前收到的联系邮件里，有好几封好像还没到这个水平呢。看来人类不够用心时，AI 还是有机会超越人类的。

在本文中，我们主要来谈谈，如何用 ChatGPT 这样的前沿科技，辅助你的写作。

错误的使用方式

在讲述使用 ChatGPT 的正确使用方法前，我们先来聊聊许多人是怎么使用它的 —— 不少学生把 ChatGPT 当成枪手，让它捉刀代笔。

有报告显示，美国被调研的大学生中，有 1/3 使用 ChatGPT 来写作业。

ChatGPT 确实兢兢业业地完成了不少作业甚至论文。不过这样是不对的。

首先，这违背了教育的目标。教育的目标是培养学生的独立思考能力，而不是让学生投机取巧地用机器代替自己思考。

许多老师都在担心 ChatGPT 扰乱良好的教学秩序。我的一位好友，也是一位大学教师，这么问我："我现在有一个担心，上学期期末布置的论文这学期交上来的，是不是都是 AI 写的？"

这让我哭笑不得，可是又无法反驳。

与 ChatGPT 一起出现的，还有反 AI 代写检测工具 GPTzero 等，甚至 OpenAI 都已推出官方的检测工具。

我在这里给你提个醒。没有一条法规校纪宣称，让最新科技来代写文章，你可以免受惩罚。

现在国内期刊也都纷纷做出反应。发表 ChatGPT 写出来的内容是被严格限制的（见图 15-1）。

关于使用人工智能
写作工具的说明

近期由于工作需要，《暨南学报(哲学社会科学版)》发布三则关于使用人工智能写作工具的说明。

1. 暂不接受任何大型语言模型工具(例如:ChatGPT)单独或联合署名的文章。

2. 在论文创作中使用过相关工具，需单独提出，并在文章中详细解释如何使用以及论证作者自身的创作性。如有隐瞒使用情况，将对文章直接退稿或撤稿处理。

3. 对于引用人工智能写作工具的文章作为参考文献的，需请作者提供详细的引用论证。

特此声明!

《暨南学报》编辑部

2023年2月10日

图 15-1　对人工智能写作工具的限制

来源：《暨南学报》编辑部

其次，要考虑生成内容的真实性。ChatGPT 是一个大语言模型，而不是一个检索工具。它的优势在于可以创造新内容，它的劣势在于提供的材料未必准确。

例如，你问它《 水浒传 》里面的人物情况。

Q. 林冲是谁?

林冲是中国历史上的一位著名的民间英雄，以其勇敢和坚韧的性格而闻名。

Q. 他都有什么事迹?

林冲是水浒传中的著名人物，他在水浒传中因勇敢和坚韧的性格而闻名。他参加过许多战斗，并且在水浒乱（兵）起之时发挥了重要作用。他是一位忠诚、勇敢和正直的人，被人们尊敬。

你看，ChatGPT 的答案虽然看起来还挺煞有介事，但是经不住深挖，你试试继续问。

Q. 他为什么上了梁山?

林冲因为在执行任务时与官员发生冲突，被迫逃亡。后来，他加入了梁山起义军，成为其中的领袖之一，并在梁山的许多战斗中发挥了重要作用。

Q. 怎么发生冲突的?

林冲在执行任务时，与当地的官员发生冲突，因为他认为官员的行为不道德，与法律相抵触。由于他的反对，他与官员之间的冲突升级，导致他被迫逃亡。

只要你读过《水浒传》，就可以发现这与事实不符，至少高衙内的事一点儿都没有提到。所以你看，如果你让 ChatGPT 捉刀代笔，很多情况下还是容易弄巧成拙的。

最后，有生成内容的著作权问题。人们训练 ChatGPT 时，采用了大量的非公有领域的语料。虽然 ChatGPT 主要记录的是其中的语言规律，但是也会在这个过程中对内容形成部分记忆。因此，它写出来的内容，很可能与已经存在的作品之间有比较高的相似度，而且并未获得权利人的授权。如果你在使用这些内容时不加甄别，那么这种相似性很有可能引发不必要的麻烦。

在人工智能内容生成领域，这样的例子已经出现。例如 2022 年 11 月，Github 遭到了集体诉讼，原因是 Github 的编程辅助工具 Copilot 在生成代码时，可能引用与原始训练代码重复的内容，却没有对每一处都指明引用出处。这违反了开源代码的使用协议。另外 2023 年 2 月，Getty Images 起诉 Stability AI，指其产品 Stable Diffusion 在训练过程中复制了超过 1200 万张 Getty Images 网站上的图片。尽管目前我们看到的大部分案例，诉讼的对象都是内容生成软件的提供机构，但是作为该应用的使用者，普通用户也很难规避自身的责任。

所以我一定要在介绍 ChatGPT 辅助写作前，把这些提示说出来。注意 ChatGPT 可以帮你写文章，却绝不应该代替你来写文章。如果你想使用 ChatGPT 提供的材料，一定要注意找到原始的资料并加以引用，避免出现无意中被认定为剽窃甚至抄袭的尴尬。

下面来介绍 ChatGPT 辅助写作的方法。我们从查询术语、整理文稿、补充例证这几点来分别谈谈。

查询术语

写文章时少不了要阅读文献。我们在读文献的过程中，可能遇到不认识的术语。在很多情况下，我们可以把 ChatGPT 当成字典或者百科。如果我们给它足够充分的上下文，它的解释往往比字典更为准确。

例如说，我在阅读《经济学人》时，看到了这样一个单词，叫作“Schumpeterian moment”。我对经济学所知甚少，掌握的术语也大多是中文，这个单词让我一头雾水。

不过没关系，我们可以把它交给 ChatGPT。我们可以像下面这样直接问它。

Q. 什么是Schumpeterian moment?

Schumpeterian moment是一种经济学上的理论概念，源于奥地利经济学家约瑟夫·熊彼特（Joseph Schumpeter）的研究。它描述了在经济体系中创新和创业活动的突发性和非线性增长，这种增长能够带来长期的繁荣和经济发展。这种经济体系的演变过程通常伴随着技术和商业模式的变革，以及对现有企业和产业的颠覆性冲击。因此，Schumpeterian moment也被称为创新性破坏。

如果我们觉得抽象的解释还不足以让自己充分认识到术语的深刻含义，那么还可以直接让它举例子。

Q. 能否举一个实际的例子?

一个实际的例子是互联网的出现。互联网的出现引发了一系列的技术和商业模式创新，如电子商务、社交媒体、在线视频和音乐等，这些新兴行业的兴起改变了人们的消费和生活方式，对传统的实体零售、传统媒体等行业产生了巨大的冲击。由此，互联网被认为是一种Schumpeterian moment，它引领了新的经济增长和发展。

这样一来，我们就迅速掌握了名词术语的概念，可以继续愉快地阅读了。

我们不仅可以对英文术语进行这样的操作，就连中文术语ChatGPT也一样可以做出解释说明。例如我们可以问它，什么是“本体”(Ontology)? 下面是它的回复。

Q. 什么是本体？

本体（Ontology）是一种描述概念和实体及它们关系的方式，常用于知识表示和语义网。本体通常采用形式化的语言表示，并包括词汇表、概念层次结构、属性和关系，以及规则和约束等元素。本体可用于支持机器理解和人机交互等应用。

这个定义中有许多术语，假设我们不明白其中“词汇表”的概念，可以继续追问。

Q. 具体说一说词汇表。

在本体中，词汇表是一个重要的元素，用于描述本体中所使用的术语或词语。词汇表中包含了本体所涉及的实体、属性、关系以及约束等元素所用到的术语，通常使用URI（Uniform Resource Identifier）进行标识。URI可用于确保术语在不同系统之间的唯一性和可识别性。本体中的词汇表也可被视为一个术语表或术语集，可以与其他本体或术语表进行整合和交互使用。

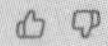

我们还可以把抽象的名词，与具体的学科结合起来发问，举例如下。

Q. 什么是档案的本体？

档案的本体（Records Management Ontology）是一种用于描述档案管理领域的本体。它主要用于描述与档案管理相关的概念、实体、属性、关系和事件等，可以支持档案管理系统和服务的互操作和语义一致性。

> **档案的本体通常包含档案管理领域的核心概念，如文件、文件夹、文件系列、文件分类、文件状态、保管期限、鉴定等级、鉴定结果、借阅、归还等，同时也可以包含一些与档案管理相关的领域的概念，如组织机构、部门、人员等。档案的本体还可以包括档案管理领域的规则、政策和标准等，以支持档案管理系统和服务的智能化管理和决策。**

写到这里，我就必须提醒大家，ChatGPT 的答案不一定准确。还是那句话，作为一个大语言模型，它的职责在于按照合适的语法和结构生成内容。如果你无法确认查询到的内容是否准确、权威，建议按图索骥进一步查找更为权威的出处来加以印证。千万不要因为偷懒，对 ChatGPT 给予 100% 的信任。毕竟“文责自负”，最终文章的真实性责任，还是会落在你自己的肩上。

整理文稿

我在前面的文章里提到过，使用语音输入转换文本的方式，可以提升写作的效率。这个方法很方便，却也带来了新问题。教学和科研里面的笔记，或者我撰写博客文章的原材料，面向的是最终输出。口语化的内容并不符合输出的标准，毕竟口语和书面语有显著区别。

我甚至发现，逐字输入都比直接在口语化文本上删改更省心省力。好不容易转化的文本材料无法直接利用，造成了大量的浪费。这让人情何以堪？

其实这个问题的解决办法在原理上并不复杂 —— 只要你有能干的助理就行。例如我为你介绍过，纳博科夫之所以可以轻松愉快地使用卡片，是因为他有薇拉这样一位忠实的伴侣，她身兼 秘书、打字员、编辑、校对、翻译、书目编撰者、经纪人、营业经理、律师、司机、研究助理、教学助理等多重角色。

问题是，你有这么厉害的助理吗？即便有，恐怕也要支付很多的费用。这确实是个让人头疼的实际问题。

好在最近的 AI 进展，使得口语转化到书面文本这个事情，有了更合理的解法。

你只需要把转换之后的文字，放到 Craft 里面，然后对需要调整的每一段落分别运行 AI assistant。Craft AI assistant 调用的就是 GPT-3，与 ChatGPT 的基础模型同源，功能很强大。

例如我可以直接输入自己的要求：

“用简洁的语言整理下面这一段话，要逻辑清晰，去掉错别字。”

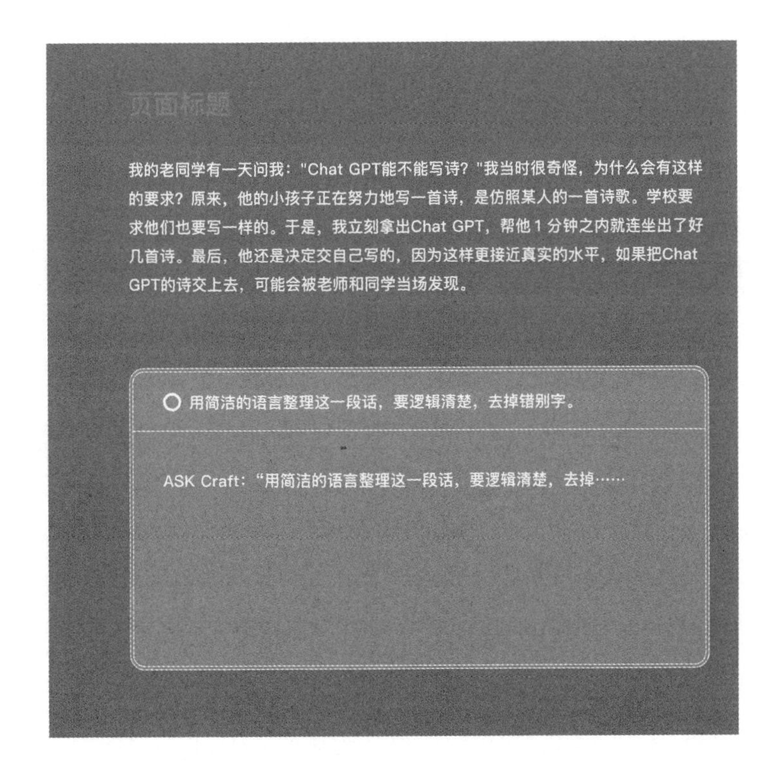

注：为检验 ChatGPT 的文稿整理功能，此段文字中故意保留了错别字。

然后，原先的冗长叙述，就变成整理之后的书面语言形式，如下图所示。

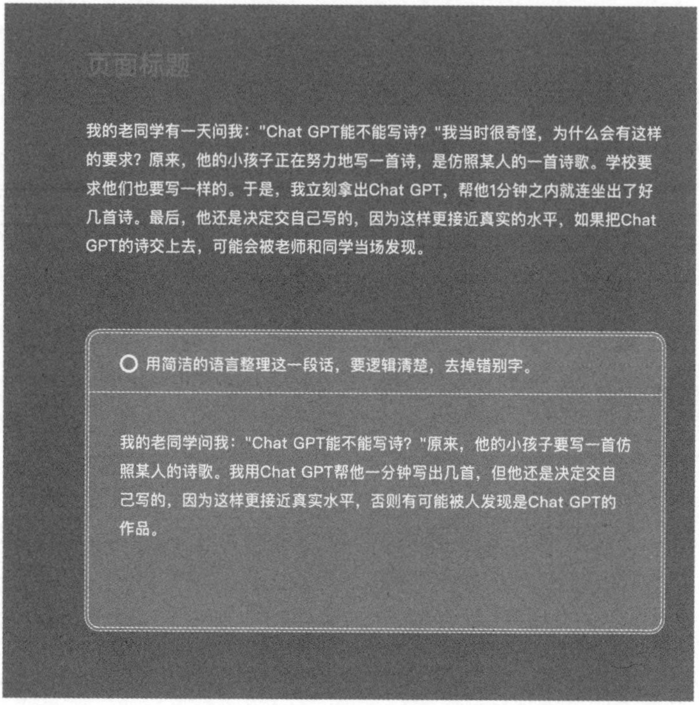

页面标题

我的老同学有一天问我："Chat GPT能不能写诗？"我当时很奇怪，为什么会有这样的要求？原来，他的小孩子正在努力地写一首诗，是仿照某人的一首诗歌。学校要求他们也要写一样的。于是，我立刻拿出Chat GPT，帮他1分钟之内就连坐出了好几首诗。最后，他还是决定交自己写的，因为这样更接近真实的水平，如果把Chat GPT的诗交上去，可能会被老师和同学当场发现。

用简洁的语言整理这一段话，要逻辑清楚，去掉错别字。

我的老同学问我："Chat GPT能不能写诗？"原来，他的小孩子要写一首仿照某人的诗歌。我用Chat GPT帮他一分钟写出几首，但他还是决定交自己写的，因为这样更接近真实水平，否则有可能被人发现是Chat GPT的作品。

有了 AI 整理过后的文稿，你可以稍加删改，使它符合自己的风格。比起你自己从口语文字稿里艰难地梳理、提炼和转换，这样已经方便多了。

注意，在这个方法里，你需要手工指定修改后的文字风格。这里的关键在于提示语（prompt）的撰写。这其实已经成为一门显学。在文本整理这个任务里，最让人头疼的也恰恰是 prompt 的撰写。AI 并不是你“肚子里的蛔虫”，它无法通过猜测来准确了解你用简单语言做的“叮嘱”。

好比说，你要求“简洁”，那些口语化的口癖类文字确实会被去掉，不少短句也可以合并在一起。从这个角度来讲，GPT-3确实很厉害。问题是 AI 时常自作聪明，因为你提出了“简洁”的要求，就大胆地帮你把文本进行“缩句”。原来充实饱满的语言，一下子肉都没了，只剩下骨架。转写任务突然变成了“提炼主要内容”，不符合我们实际的转写需求。

我前些日子对 AI 的自作主张大为头痛，没少进行各种测试。一会儿增加一些要求，一会儿再调整一下文字。Craft 提供的 AI assistant 额度快速消耗，看着真让人心疼啊。后来，我的提示语写得都比转换的段落长了，效果却还不够理想。另外在这样的 prompt 要求下 AI 写出来的文字，与我自己的写作风格差异较大，我后续也少不了大幅度的修改，想起来就头疼。如果你工作中时常改文章，可能会有共鸣 —— 改别人的文章，可比自己从头写起来还要费劲许多。

一个偶然的机会，我突然发现 ChatGPT 可以帮助我们更高效地处理这个问题。其实说起来，ChatGPT 的基础也是 GPT-3，只不过是用于问答任务。它似乎没有道理比 Craft 的 AI assistant 或 Notion AI 更好用。不过 ChatGPT 与这些简单集成在写作工具里的 AI 相比有两个特性。

第一，ChatGPT 采用对话方式，支持迭代改进。你可以根据输出的结果，直接指明需要添加、删除、提升和降低的风格要素，看改写的结果是否符合需求，从而快速改进。在这个过程里，你不需要完全重述 prompt，只需要输入变化部分即可，更有利于对要求进行微调。一旦确认结果符合需要，你还可以让 ChatGPT 自行总结完整的 prompt，便于日后一站式使用。

第二，这个特征更有趣 —— 你可以把写过的现成文本“喂”给 ChatGPT，让它“自己揣摩”。我在使用 ChatGPT 编写代码处理文本替换时，偶然发现 ChatGPT 可以按照模糊的指令加实际的例子，自己学习规律。所谓“百闻不如一见”，照葫芦画瓢比起“抽象总结”，要实用多了。

于是我拿出一期公众号文章稿件[①]，稍加调整，去掉了那些图片引用的 Markdown 语法等干扰因素，就把正文扔给了 ChatGPT。当然，我还在文稿前面加上了一句提示语：

“总结以下文字的风格，加入一点幽默感，并将该风格保存为‘wsy’。”

这里要给你一个小提示，因为训练语料比例的差异，所以使用 prompt 时最好采用英文。不是崇洋媚外，主要是 ChatGPT “食谱不均衡”，它的胃口更适应英文，处理英文更加得心应手。

---

① 详见作者微信公众号“玉树芝兰”2023 年 2 月 10 日发布的文章《ChatGPT 来了，你准备好了吗？》。本书仅截取部分用作案例。

Q. 第四，如果你是学生，千万不要尝试用ChatGPT作弊。法律面前人人平等，最先进的AI科技也一样。如果你试图用ChatGPT当枪手生成内容并被抓到，一样要面临严重后果。到那时，令无数人上瘾的喜剧，就变成了你个人的悲剧，着实划不来。还是踏踏实实学习知识，认认真真按照要求码字是正途。ChatGPT可以作为帮手，提升你的效率，不过你一定要分清“帮你做”和“替你做”的边界。

小结一下，ChatGPT很火，但是火得有些滞后。本文为你分析了可能的原因，并建议你建立有效的信息来源，最低目标是避免在未来错失先机，更好的结果则是快人一步提前把握机遇。面对科技进步，既不要低估长期趋势，也不要高估短期的效果。千万不要听别人把ChatGPT吹成一个神话，就人云亦云乃至被收割。合理看待它、利用它，同时保护好自己，才是明智的做法。

The style of the text is informative and analytical, with a touch of humor. The author shares his personal experience and insights on the sudden popularity of ChatGPT and provides practical advice for the readers. The author uses anecdotes and examples to illustrate his points and injects humor to keep the tone light. The style can be characterized as "wsy".（文本的风格带有启发性与分析性，并附带一点幽默。作者分享了他对ChatGPT爆火一事的个人体会和见解，并为读者提供了实用的建议。作者用轶事和例子来说明他的观点，并注入幽默来保持轻松的基调。这种风格可以被描述为“wsy”。）

ChatGPT 总结出来的文本风格特点，让我感觉很受用，甚至感觉它有意在夸赞我。这些风格描述内容总结成文字显得有些单薄，不够具象化。不过模型体会到的风格是由海量参数调整而来的，所以即便“茶壶煮饺子”表达不出来，模型应该也能体会和揣摩到了。

下面，我就把自己语音输入的内容添加了进来。注意这次前面加上提示语：“用‘wsy’文体改写以下文字。”（rewrite the following text in Chinese using style "wsy".）你看，文体已经成为一个变量。前面的工作是给变量赋值，现在可以随时调用它了。

Q. rewrite the following text in Chinese using style "wsy".

也正因如此，人们对于它才会保持这么高的兴奋度。因为我们并不需要一个帮助我们去快速找到已有东西的这样的一个玩意儿。这也是为什么很多人都对你去高亮一本书中的某一部分，都对于你去抄书这些行为嗤之以鼻，因为那些东西压根儿就不是新的。这些东西不存在你和现在人类整体知识结构之间的认知差。所以这些东西不能够拿来发表，不能够拿来当作解决方案。但是chat jpt实际上就是跨过了这一环，它能够给我们提供这样一个新的解决方案，哪怕与旧的东西比起来，它的变化率也许不到5%，但是想想看，在我们的社会当中，5%实际上已经是一个很大的进化了。在大部分时候，人类实际上都是保持着大量东西不变，而在上面寻求着一些改变，这种累加的改变最后给我们带来了很大的收益。Chat gBT能够做到这一点，就帮助了很多的人，让他们能够快速地给出有效的解法，这一点上来讲是非常非常深得许多人的心思。

正因如此，人们对它保持高度兴奋。因为我们不需要一个只能快速找到已知内容的工具。这也是为什么很多人嗤之以鼻地看待高亮书中某一部分或抄袭，因为这些东西并非新的，与人类整体知识结构的认知差距不大，因此不能用来发表或解决问题。但Chat GPT跨越了这一限制，提供了新的解决方案。虽然与旧的相比变化率可能不到5%，但在我们的社会中，这已经是很大的进步了。在大多数时候，人们保持着大量的不变，寻求变化，而这种累积的变化最终带来了巨大的回报。Chat GPT可以帮助很多人快速提供有效的解决方案，因此深得许多人的心思。

由于我们的目标是提升录入效率，输入内容是语音识别的口语化文本，其特点是想到哪里说到哪里，逻辑难免会有不通顺的地方。另外文字识别准确度注定到不了100%，总会有识别错误的情况。不过，你可以看到ChatGPT尽心尽力帮助我们扫除了不少重复冗余和语病，并尽量理顺了逻辑。特别是，它还自动帮助我们把语音识别错误的英文单词“chat jpt”或“Chat gBT”都统一变成“Chat GPT”。这确实需要 AI 对上下文有足够的把握能力。看到一个 AI 帮助另一个 AI 纠错，我很惊喜。

上面的例子里“加入幽默”是我反复尝试后调整出来的 prompt。如果你只让 ChatGPT 学习语言风格，它学习的结果总是“过于严肃”，那么我觉得这可能与 ChatGPT 的默认设置有关。ChatGPT 上面被人为加上了很多限制，甚至许多问题它都避而不答，这早就不是什么秘密了。为什么 ChatGPT 把“严肃”等级调那么高？因为我没有看过限制条件的源码，所以不能确定。我估计是 OpenAI 的团队不想让产品的答案显得轻浮。这种深度交互产品的应用中，用户的信任很重要。如果 ChatGPT 给出嬉皮笑脸的答案，对用户的信任而言可不是加分项。既然如此，我们自己矫正吧，让它加一些幽默元素。

不过注意“过犹不及”，万事都得掌握一个“度”。如果你添加的幽默风格太多，ChatGPT 的回答就会变成下面这个样子。

Q. add some humor to the style.

Sure, I can try to add some humor to the "wsy" style. Here's an example:

原来我也以为ChatGPT就是个高科技的压缩包，结果一用发现这哥们比我的口袋更深，知识更广！他不仅懂科学，还懂娱乐圈八卦，还能随便给我编一个笑话，笑点还比我自己想出来的好。不知道这家伙有没有心理医生的从业资格，反正治好了我的无聊症。

这样确实太油嘴滑舌了，还是调整回来一些好了。

我用同样的方式，处理了全部语音输入的段落。将语音输入转换出来的原始口语文本，转换成更为实用的书面语言，以便后续的调整、发布和复用。虽然 ChatGPT 对写作风格的提炼和模仿不能达到 100% 一致，我们还需要一些手工修改与调整，但是这个流程已经可以帮助我们节约大量的宝贵时间。

补充例证

ChatGPT 可不仅会讲道理，也会举例子。

例如，我写着写着突然想起来，自己举的这个例子不大充分，有没有更好的例子？倘若在以前，这就意味着我需要打开搜索引擎，输入关键词，然后对着浩如烟海的结果慢慢筛选。现在，我可以这样告诉 ChatGPT ：“补充例子，证明上面的论断。”

在2022年，人们发现一个AI产品居然真的可用了，这是成为热门话题的原因。与其说是模型范式理论方面的突破，不如说是一种被称为人工智能工程化的东西。这种工程化让大部分人可以接触，就像个人电脑的出现和互联网给人们带来的上网冲浪的快感一样。

Q. 补充例子，证明上面的论断。

一个具体的例子是，随着自然语言处理技术的发展，聊天机器人的表现逐渐得到改善，使得它们能够被广泛应用在各种场景中，如客服、销售、教育等。这种应用的实现并不是单纯依靠模型的优化，而是需要对模型进行工程化的设计、实现和部署，才能让它们真正变得可用。

另外一个例子是，随着计算机视觉和深度学习技术的发展，人脸识别技术得到了广泛应用。通过将深度学习模型应用于人脸识别任务，并进行工程化的设计和实现，使得人脸识别技术得到了大幅度的提升，并在安防、金融、零售等领域得到了广泛的应用。这些成功的应用都是建立在深度学习模型和工程化的基础之上的，表明工程化在人工智能领域的重要性。

我觉得这里的例子虽然未必能直接使用，但是对作者有启发。例如人脸识别这个事情，已经“日用而不知”。虽然我几乎每天都要用这种方式验证付款，但是写作时我确实没有第一时间想到用它作为 AI 工程化的例子。

如果你觉得例子不够好，也没关系，让它接着举其他例子吧。

Q. 再举出两个不同的例子？

1. 在医疗领域中，人工智能也被广泛应用。例如，研究人员使用人工智能技术分析医学图像，以辅助医生进行诊断和治疗决策。此外，人工智能还可以帮助医生提高手术安全性和预测病人的健康状况。这些创新为医疗行业带来了巨大的变革，并且有助于提高病人的治疗效果和生存率。
2. 在金融行业中，人工智能也发挥了巨大的作用。例如，许多银行和金融机构使用人工智能技术来分析大量的交易数据，并识别任何异常行为或欺诈。此外，人工智能还可以帮助银行预测客户需求和投资趋势，以制定更精确的金融策略。这些创新有助于提高金融机构的效率和准确性，并改善客户的体验。

除了实际的事例，ChatGPT 也善于去查找名人名言作为佐证。例如我写作时，想到乔布斯的一段话和创新有关，打算引用它，不过一时有些发蒙，想不起来里面的关键词，于是干脆让 ChatGPT 帮我去回忆。

Q. 乔布斯对创新的格言是什么来着？

乔布斯有许多关于创新的格言，其中比较著名的包括：

1. “ Stay hungry，stay foolish. ”（保持饥渴，保持愚蠢。）
2. “ Innovation distinguishes between a leader and a follower. ” （创新区别了领袖和跟随者。）
3. “ Design is not just what it looks like and feels like. Design is how it works. ” （设计不只是外观和感觉，设计是它如何运作。）
4. “ Here's to the crazy ones. The misfits. The rebels. The troublemakers. The round pegs in the square holes. The ones who see things differently. They're not fond of rules. And they have no respect for the status quo. You can quote them, disagree with them, glorify or vilify them. About the only thingyou can't do is ignore them. Because they change things. They push the human race forward. And while some may see them as the crazy ones, we see genius. Because the people who are crazy enough to think they can change the world，are the ones who do. ”（这是送给那些疯狂的人。那些不合群的人。叛逆者。那些制造麻烦的人。那些在方形孔中的圆形木栓。那些看待事物与众不同的人。他们不喜欢规则。而且他们不尊重现状。你可以引用他们的话，反对他们，赞美或诋毁他们。唯一不能忽视他们。因为他们改变事物。他们推动人类向前发展。虽然有些人可能认为他们是疯子，但我们看到的是天才。因为那些疯狂到认为他们可以改变世界的人，就是那些真正改变世界的人。）

看了一下 ChatGPT 给出的结果，我并不满意，因为我觉得这几条都不是我想找的。不过没关系，让 ChatGPT 继续说就好了。

还有呢?

以下是乔布斯的其他一些关于创新的格言:

5. “ You can't connect the dots looking forward; you can only connect them looking backwards. So you have to trust that the dots will somehow connect in your future. ”(你无法通过向前看来连接点,只有通过向后看才能连接它们。因此,你必须相信这些点在未来会以某种方式连接起来。)

6. “ Creativity is just connecting things. When you ask creative people how they did something, they feel a little guilty because they didn't really do it, they just saw something. It seemed obvious to them after a while. ”(创造力只是连接事物。当你问有创造力的人如何做某事时,他们会感到有点内疚,因为他们并没有真正去做,他们只是看到了一些东西。过了一段时间后,这些东西对他们来说似乎是显而易见的。)

7. “ Innovation comes from saying no to 1000 things. ”(创新源于对1000件事情说不。)

8. “ It's not about money. It's about the people you have, how you're led, and how much you get it. ”(这不是关于金钱,而是关于你所拥有的人,你如何领导,以及你对事情的理解程度。)

9. “ We don't get a chance to do that many things, and every one should be really excellent. Because this is our life. ”(我们没有机会做太多的事情,每一件事情都应该做到非常出色,因为这是我们的人生。)

10. “ The people who are crazy enough to think they can change the world are the ones who do. ”(那些疯狂到认为自己可以改变世界的人,就是那些真正改变世界的人。)

我一眼就发现第 6 条是自己想要的。有趣的是 ChatGPT 给出的名人名言中英文齐备,我连翻译的工作都省了,直接复制就好。

有时，我甚至发现 ChatGPT 好像有“通感”能力。例如你提到某种现象，可以让它去找类似的情况。在下面这个例子里，我分析了“人们对 ChatGPT 期待过高”这个事件，琢磨押着相似韵脚的历史事件还有什么呢？别自己冥思苦想了，直接问 ChatGPT 好了。

ChatGPT作为一个服务，本来是为了帮助人们解决实际问题的，可它出圈后被大量宣传，触及了与之毫不相关的群体，导致宣传内容变味，原本有针对性的特效药被传成了万灵药，从而引发了不负责任的尝试，最终可能会导致人们失望、口诛笔伐。虽然这可能是它的宿命，但我们不必跟着大众一起狂热，应该理性地对待。

Q. 能否举一个与之类似的历史上发生过的例子？

一个类似的历史例子是21世纪初期的“互联网泡沫”，当时因为互联网的发展和应用前景，许多公司和投资者都大肆投资互联网公司，使得互联网公司的市值快速上升，但这种上升往往远超过了实际盈利能力。最终在2000年底到2001年初，由于市场的过度炒作和泡沫破裂，许多互联网公司的市值暴跌，导致大量的公司倒闭，许多投资者也损失惨重。这个例子说明了当一个新兴的行业或技术被过度炒作和宣传时，可能会导致市场出现不良的反应，而这种反应可能会给市场和用户带来负面影响。

我觉得答案里面用互联网泡沫来形容大众的期待过高，还是比较贴切的。有了 ChatGPT，你就可以很容易找到不同种类的例证，支撑自己的论断。对写作者来说，这意味着效率的显著提升。

不过我还要再强调一下，不能对 ChatGPT 给出的例子不加甄别地使用。好比下面这个答案，你一眼看上去，能否发现问题？

Q. **多举两个例子。**

好的，以下是两个例子：

1. **在2022年，Facebook推出了名为DALL·E的AI模型，它可以基于用户输入的文本描述生成图像。这个模型引起了广泛关注，因为它可以生成极具创意和想象力的图像，例如将一个火车变成一只大象或将鱼群变成飞鸟群。这个模型的出现，让人们看到了AI的潜力和应用，也让AI工程化成为现实。**
2. **在2022年，GPT-3被广泛应用于自然语言处理领域。它可以生成文章、答题、自动翻译、情感分析、语言模仿等。其中最著名的应用是由OpenAI推出的DALL·E项目。DALL·E项目使用GPT-3模型生成图像，使得AI能够在视觉和语言领域都得到应用。这种工程化的方法让AI不再是一个抽象的概念，而是变成了一个可以被实际应用的工具。**

问题其实还是非常明显的。DALL · E 究竟是谁推出的？Facebook 还是 OpenAI ？这两个例子已经自相矛盾了。我把 ChatGPT 这种错误回答情况，称作“一本正经地胡说八道”。你会发现，它虽然对答案并没有把握，但是回答起来的口气简直就是“斩钉截铁”。如果你在选用例子时不加取舍，将来文章发布或者图书出版之时，就很尴尬了。因此选用 ChatGPT 的答案时，我们还是应当足够审慎。

注意事项

行文至此，想必你已经对 ChatGPT 跃跃欲试。别着急，还有一件事我要嘱咐你一下，就是隐私与数据安全问题。

当你完成注册，第一次开启 ChatGPT 时，会注意到页面弹出一些提示，是关于该应用数据采集和隐私保护的说明。

弹出的提示有 3 页，我觉得总结起来两句话最为重要。

* 不要用它去做违法或违反公序良俗的事情。
* 不要在提问题时，暴露你个人的隐私信息。

这里主要强调一下第二句。很多人把 ChatGPT 当成一个成熟的产品来使用，觉得它保护用户隐私是天经地义的事情。其实不然。

ChatGPT 这个模型建立在 GPT3.5 版本之上，使用了人工参与的增强学习。这种“人工参与的增强学习”包括：人来提问机器答、机器提问人来答（这个过程机器会给出辅助参考答案）…… 由此不断迭代，模型逐渐有了对所生成答案的评判能力（你可以理解成“品味”），展现的就是现在这个样子。

虽然 OpenAI 最初的想法确实是把 ChatGPT 在内部测试成熟后，再发布这个聊天机器人，但是在模型训练的过程中，OpenAI 遇到了巨大的困难，甚至想要放弃或至少对目标做出大幅调整。

为什么呢？

因为 ChatGPT 内部测试过程很不顺利。OpenAI 找来的内测人员，坐在 ChatGPT 前面不知道该说什么。尬聊的结果是项目进展很不理想。OpenAI 干脆决定不等了，直接用一种半成品的形式开放招募测试。没错，每一个“研究预览版”的 ChatGPT 用户，其实都是 OpenAI 的免费测试员。在这两个多月里，全球的“测试员”夜以继日地为模型的完善不断做出贡献。测试员的规模快速增长，直到 OpenAI 不得不收费以避免服务器被挤爆。

因此，我要提醒你，你输入 ChatGPT 的每一个字，都会成为 ChatGPT 模型训练的养料。如果你输入的内容只是自己的笔记感悟，这倒也没什么；但是如果你输入自己的银行卡号和手机号码，就非常不合适了。切记使用它的时候，要保护好个人隐私。

小 结

本文介绍了如何用 ChatGPT 为你的写作提供助力。具体而言，我们明确了可以让 ChatGPT 帮你写，但是绝对不要让它替你写。一经发现，抄袭、剽窃的后果要自行承担。从帮你写的角度，我们讨论了如何用 ChatGPT 查询术语、整理文稿和补充例证。希望前沿 AI 技术的应用，可以让你的写作更加轻松和高效。

祝 AI 辅助写作愉快！

学术写作五步法

如何从零完成高质量论文

答辩篇

01

为什么你应该重视毕业论文答辩

接下来我们谈谈答辩。能走到这一步真的不容易，你完成了论文初稿，又经历了反复修改，才终于获得了这个机会。当然最后的阶段你不应该放松。后面我们会探讨答辩 PPT 的制作与答辩时的注意事项。不过在这之前，我们要先来讨论答辩本身，让你明白答辩的重要性。毕竟只有了解答辩，你才知道自己后续的投入是否值得，以及我们所秉持的原则是否有道理。

有的同学可能对答辩这个主题嗤之以鼻。答辩有用吗？不少同学认为没用：不就是走个过场吗？我的论文已经写好并通过了查重，导师也给了及格分数，答辩时老师们还能不让我通过吗？

你想错了，答辩很有用。你的毕业论文写得再好，如果无法在答辩时顺利回答老师们的问题，也是很危险的，因为这会让别人感到疑惑——这论文到底是不是你自己写的？如果被认定论文是别人代笔，那后果可是非常严重的。

反过来，如果你在毕业答辩时表现突出，好处也是很大的，可能会显著影响你的论文分数。之前我遇到过一个本科毕业生，他做的是系统设计，不过做出来的系统功能单一、界面简陋，原本大家都不看好，觉得给 70 分已经非常宽厚，但是答辩中他说的几句话让所有答辩组的老师都眼前一亮。最后答辩组长拍板，给他打了 90 分，从而入围优秀论文评选。

你可能对此不以为意，觉得毕业论文成绩没什么用：出国留学不看，保研也不看，找工作就更不看了——答辩时，三方协议都早已经签好。既然这分数不被看重，那理性人的优势策略岂不就应该是尽量减少投入？正因如此，许多同学不注重毕业论文成绩，胡乱对付后又忐忑不安，期待能“过关”，觉得 60 分就够用。

其实，毕业论文是个非常好的自然实验结果，它直接向外界宣告了处于低激励、低监督水平之下，你是如何对待自己的作品的。你有没有工匠精神，会不会主动努力，这些信息全都蕴藏在毕业论文的分数里。我甚至觉得，企业招聘时如果善于发现和利用这个标准，或许可以更为有效地筛选和度量人才。

举个我自己的例子，我读硕士研究生时选导师，目标导师非常抢手，报名的人很多。导师审核学生的要求之一就是查看本科毕业设计情况。我的优势恰恰是本科毕业设计获得了优秀（全专业排名前 3%），所以非常顺利地投到了目标导师门下。

另外请不要忘了，这是个大数据时代。许多信息现在确实都安安静静地躺在数据库里，但是在不久的将来，它们不知会从哪里冒出来，发挥重大的作用。不少类型的行为痕迹数据，例如还款履约记录等，已经与你的信用挂钩。在未来更为完善的数据智能社会里，我们可以预见各种行为数据综合计算出的指标会对你的生活乃至职业生涯产生重要的影响。我觉得在这个指标里面，毕业论文成绩若不能占据一个维度，怪可惜的。

所以你看，毕业论文成绩不应该被这么轻视吧？而决定最终成绩的关键影响因素之一就是毕业答辩的情况。明白了答辩的重要性，接下来我们就看看该如何一步步高效做好准备，让我们先从 PPT 的制作开始吧！

02

高效制作毕业答辩 PPT 的 3 个环节

在毕业季，许多同学都会感到很痛苦：好不容易认认真真做完了毕业论文（设计），还要继续做 PPT，准备答辩。

PPT 该怎么做？有的同学偷懒，直接把自己的论文内容原封不动地从 Word“搬”到 PPT 中，答辩时一打开 PPT，满屏都是密密麻麻的文字。这些同学的如意算盘是，答辩时可以悠闲自在地从头开始，一个字一个字地念。“不就让我念 5 分钟吗？两页幻灯片没念完，时间就凑够了吧？然后我就‘解脱’了！”

可没想到的是，答辩时老师会突然打断你，提醒你不要一板一眼地照着 PPT 念，只说重点就好，甚至干脆不让你讲 PPT 了，直接进入提问环节。这种情况下，老师们提出的问题数量明显更多，而且特别尖锐，这会让事先准备不足的你感觉手足无措。

不少同学自从交完初稿就没看过论文，对老师的提问别说回答，想从论文里定位到相应的章节都困难，于是只能红着脸，低头快速翻论文去找对应内容，有时候越是着急就越是找不到，结果被老师们数落得无地自容。

有的同学非常希望获得好成绩，但用力过猛导致动作变形，在形式上过度投入。他们答辩前花费大量精力去寻找 PPT 模板，有的还会付费购买。有了高端模板加持，答辩一定很顺利吧？其实不一定。有的“高端”模板在答辩教室的计算机上不但显示不了特效，甚至连文字显示都有问题。如果你在 5 分钟的答辩时间里，把 3 分半都浪费在调整 PPT 上，每一组答辩的学生都有很多，在本就有限的时间里，坐在下面的答辩老师们有没有这种耐心等你？就算他们有耐心，一言不发地看着你满头大汗地尝试操作，对你的印象会怎么样？

实际上，你原本不必那么痛苦。出现上述变形动作主要因为你没明白答辩这件事中最重要的是什么。这一部分我帮你用产品设计思维解析答辩 PPT 的制作要求，希望能助你一臂之力。

记住，你只需要抓住以下 3 个重点环节。

* 锁定客户。
* 了解痛点。
* 有效传递信号。

这听起来根本就不是讲 PPT 制作的事情啊！别着急，下面我会依次详细解释。

锁定客户

对答辩 PPT 这个产品来说，客户是谁？是答辩组老师。明确这一点非常重要。有了这个认知，你就该明白哪些内容不该放在 PPT 里了。下面举两个例子。

* “SWOT 是指……它分别对……进行分析，能够……”
* “根据第 ×× 次全国互联网……报告的数据，我国已有网民……其中移动互联网用户……仅 ×× 一款应用，日均活跃用户就达到……量级。”

上述这些内容，答辩组的老师想必比你清楚得多，却听你和同学在答辩中反复唠叨。这样的行为对专家们来说不啻为一种冒犯。

更糟糕的是，本来就只有 5 分钟的展示时长，你却把宝贵的时间花在了对基础信息的阐述上，哪里还有时间展示重要信息呢？这样做的机会成本太高了。所以一定要用“客户是谁”的准确认知删掉 PPT 里大部分无意义的内容。

那么哪些是重要信息呢？这就得挖掘客户的需求了，其中最重要的工作就是了解客户的痛点。

了解痛点

答辩组老师的痛点是什么？其实很多。答辩学生人数多、论文整体水平低、学生不会做 PPT、后排有人小声说话。

如果你是答辩组老师，是不是也会觉得非常烦躁？深度挖掘一下，可以发现最重要的痛点是：在上述恶劣的环境下，答辩组老师还必须恪尽职守，一一为学生找到论文中存在的问题，甚至提供解决方案。

既然老师们有非常大的压力和高强度的认知负荷，站在“产品设计者”的角度，你就应该帮助老师们解决痛点，而不是加重其认知负荷。

为什么老师们会很不耐烦地叫停某些同学的 PPT 展示？因为这些同学照着稿子念，无助于减轻老师们的认知负荷，满屏都是文字的 PPT 会淹没重要信息。你要做的正是反其道而行之。

* 首先，严格控制 PPT 中的文字数量。我对自己学生的要求是，每一页幻灯片上的汉字字符或者英文单词不得超过 20 个。
* 其次，用美观的图表。有句名言叫作“一幅图胜过千言万语”。图像确实是一种高效表达的方式，但是一定要注意美观和准确。有的同学作图时不注意细节，甚至在绘制统计图形时用错了指令，或者标错了图例。一幅丑图甚至是错误的图，会让老师们对你的印象大打折扣。

* 最后，不要照着稿子逐字念。要脱稿，要能“讲”出来，甚至要和老师们有目光接触。一开始可能老师们都疲沓了，低头看论文，但只要你有交流、有讲述，你就会发现老师们会逐渐抬头看你，而且目光会变得温和许多。

对于最后一点，有些同学会大呼困难，但这并不是什么高难度动作。将来无论你继续做学术研究还是进企业发展，都需要和他人协作。好的演讲沟通能力几乎对每个人来说都是重要的本领。

如果你暂时做不到从容脱稿，那就事先写好稿子，多读几遍，最好能背下来，把实在背不下来的地方写在小卡片上，答辩时拿着上去当提词器，但是千万不要从头到尾低头念卡片，那种观感真的非常糟糕。

做到这几点，你就称得上没加重老师的认知负荷，但是这还不够，你要想办法降低老师们的认知负荷，具体做法是有效传递信号，把自己“靠谱”“优秀”的特点印在老师们的脑海中。

有效传递信号

传递信号其实不难，难的是“有效”。

如果你用力过猛，希望通过 PPT 的字数、篇数，甚至是酷炫的模板来讨好老师们，以期获得好成绩，那你还是省省吧。你要结合客户痛点解决问题，说明自己的成果，并展示自己的能力。

回顾一下，老师们的痛点是认知负荷重。许多老师可能在答辩现场才第一次阅读你的论文。这倒未必是老师们有拖延症，多数时候是部分同学迟迟不交文稿，导致稿件收齐的时间严重延后。论文堆积起来，老师们一晚上需要看一摞，估计也是心有余而力不足的，只好在答辩会现场结合你本人的讲述来快速浏览论文。答辩会当天，老师们也只有 5 分钟来提取你论文中的关键信息，然后找到问题并给你评判和建议。在这种情况下，你该怎么组织 PPT，向老师们有效传递信号呢？我的建议是对以下几个部分突出展示。

* 问题。一句话说明你的研究问题是什么，不要用从句和被动句式，越简明越好。
* 价值。说明解决问题究竟有什么用。不要随意拔高，把根本不相干的意义都往上堆砌。你的研究结果如果能在实践中有作用或者能为他人的研究提供一些铺垫，那就很好了。请务必实事求是。
* 必要。用前文介绍的 VOSviewer 或者 Citespace 做个相关文献分析图，说明本问题相关研究的进展，以及你的论文处于哪个夹缝里，特别要明确你研究的问题是别人没有解决的。
* 设计。无论发问卷还是做实验，都要对数据的收集方法、处理过程、分析结果进行简要说明。
* 讨论。前文已经不止一次提到过，对结果的讨论才是论文的核心。在这里把所有可能违背常识或认知的结果加以剖析，给出

可能的解释，避免后面被老师们追问。

* 限制。说明你的研究限制与不足有哪些。你刚开始写论文，资源有限、时间紧，对很多目标力有不逮很正常，要实事求是、有一说一，老师们大都能理解。

一共六七页幻灯片，寥寥数语就把老师们需要了解的重要信息全都汇报清楚了，老师们也因此没有必要一页页翻找论文内容了。你说，他们会不会对你有好印象？尤其是在其他同学没有掌握这些技巧，还一字一句悠闲地念满屏密密麻麻文字的时候。

小 结

本文主要介绍了 3 个环节，帮你高效制作毕业答辩 PPT。它们分别如下。

- **锁定客户。一定要明白你的客户是答辩组的老师们，不该写的无关内容不要写。**
- **了解痛点。了解老师们的痛点是认知负荷过高，不要用你的幻灯片加重他们的认知负荷。**
- **有效传递信号。用清晰的结构、突出的重点帮助老师们快速找到重要信息，降低认知负荷。**

希望这些建议能对你的答辩 PPT 制作有一些帮助。

假设每个人都知道这些原理和技巧，那会不会有人用低水平拼凑的论文巧妙包装、蒙混过关，甚至捞得高分呢？你觉得老师们会用何种方法甄别，避免这种情况发生？这算是本文给你留的一道思考题吧！

03

做好答辩的 5 个技巧

学完了上一篇文章的内容，制作答辩 PPT 的方法和技巧你应该掌握了，但答辩不是你提交一份 PPT 就可以了，你还要走上台去展示，并聆听和答复老师们的问题。

有的同学觉得答辩过程应该是这样的——他拿着 PPT 上去念一遍，然后无论老师们提出什么样的问题，自己都“驳斥”回去。这样他就取得了全面的胜利，答辩自然而然也就顺利通过了。

如果你也是这么想的话，那你真要好好看看下面的内容。往小了说，这篇文章可能提高你的毕业论文成绩；往大了说，这篇文章可能挽救你的学业甚至是将来的职业生涯。

不要把答辩当成辩论

答辩要干什么？绝不是和老师们“辩论”。千万不要有这样的想法。我们要做好一件事情，总该先将其概念弄清楚，如果望文生义，往往会耽误大事。“答辩”里面有个“辩”字，你就能认为它等同于辩论了吗？

现在的论文答辩一般是怎样的场景？老师们往往要面对许多学生。本科生一组可能有十几二十个，硕士研究生每组也会有不少。无论是哪个层次的毕业论文答辩会，老师们其实都很忙，分配给每个学生的时间都是很有限的，因此没有任何一个老师会有闲心跟你玩文字游戏，更没有空跟你辩论。

老师们都在忙着帮你把论文中可能存在的问题（尤其是硬伤）尽早找出来，然后督促你抓紧修正，这样即便将来你的论文被省教育厅乃至教育部的毕业论文抽检给抽到，也不至于因为存在严重质量问题而承担严重后果。一旦被论文抽检这个回马枪扎到痛处，真如晴天霹雳一般。建议你仔细读读相关的政策规定，做到心中有数。

在答辩这件事情上，老师们在现场是有明确目标的。这个目标就是，尽可能地帮助你发现问题。有的老师甚至更为热心，或直接或委婉地告诉你，他指出的这几个问题该如何修改。有的老师则会向你提问，但请你注意，提问的老师并非有意要刁难你。之所以提问，大多数情况是因为老师对于一些地方还拿不准，需要询问你本人加以确认，把信息补全，以便做出合理的判断。

例如要了解论文数据分析过程中的一些操作细节，你是不是真正完全按照规范来做的，老师们可能就需要发问来核实求证。至于你对一些概念的理解是否准确，会不会在使用时“张冠李戴”，可能也必须利用提问的方式来处理。

不同的老师，脾气秉性有所差异，因而提问的方式也各有不同。有的老师提问时注意方式方法，充分照顾学生的感受；有的老师比较直接，喜欢单刀直入。但无论老师们用哪种方式提问，其根本目的都不是让你下不来台，而是真心希望帮你把所有潜在的原则性问题找出来，通过你的关注和改进，切实提升论文的质量。

然而有的同学显然不是这样思考的。他们并没有跟着老师们的思路检视自己论文可能存在的问题，进而寻求老师们的帮助，他们的做法是第一时间掩盖问题，甚至部分同学还展现十足的攻击力。这着实会让老师们感到惊讶和寒心。

其实这些同学的想法是很简单、直接的——写了那么长时间的论文，投入如此多的时间和精力，能不能顺利通过答辩、拿到学位证书在此一举。如果自己能在答辩过程中气势不输，有足够的攻击力，“把老师们辩到哑口无言”，那么就算“赢”了。

但是这个“把老师们辩到哑口无言”的想法，是典型的错误的想法。

首先，你给老师们的观感非常不好。老师们会认为你不仅没有礼貌，而且不承认自己的错误。假设一位老师发现你的分析过程有问题，他通过一步步询问，本来是想引导你自己去认识问题的存在和严重性，这样你就可以有的放矢地认真修改，提升论文的质量，但他发现刚说出第一层，就被你不礼貌地打断，甚至遭到你攻击力十足的回击，那么下面会发生什么呢？

如果是脾气足够好的老师，他一般会礼貌地微笑，然后就不往下说了。许多同学因此心花怒放，觉得自己成功了。但真的是这样吗？老师不往下说，是因为他本来觉得你论文的问题认真改的话还来得及改完，但他这时候发现，你大概需要花更长的时间才能认识到这个错误，而等你同意修改时，所剩的时间也不够了。如果答辩的学生总数较少，老师可能适当多说两句。此时老师哪怕是严厉批评，也希望你能顿悟。但是一般情况下，答辩的学生太多了，老师并没有那么多的空闲时间。你表面的“胜利”背后有着十足的隐患。

说完了错误的观念和做法，咱们来讲讲该怎么准备才能让你的答辩效果更好。

做好答辩的 5 个技巧

技巧一，保证 PPT 不要做得太长，要使重点突出。请你再次认真阅读前文《高效制作毕业答辩 PPT 的 3 个环节》的内容，一定要把 PPT 做好，尤其要注意突出介绍要点，帮助老师们快速聚焦，以便定位问题。

技巧二，讲的时候也应该抓住重点，不要逐字逐句地念，此处不再重复了。

技巧三，拿着笔记本和笔上去，做好充足的准备。我建议你在答辩前一定要准备一个笔记本。在你把介绍部分说完后，老师们马上会提出问题。这个时候，请你把笔记本摊开、笔拿好。对于老师们提出的问题和意见，你先认真记下来。注意你需要准备的是个笔记本，而不是几张单页的纸，更不应当是电子设备。拿着几页纸给人的感觉是，你在应付老师们提出的修改建议，出门就准备把这几页纸扔到废纸篓里。

至于电子设备，有的同学平时习惯了用手机备忘录记事。数字化时代，你的设备使用习惯原本是个人偏好，无可厚非，但是在答辩时使用电子设备很容易引起不必要的误会。换个角度想想那个场景，老师们在认真跟你说话，评价你的论文，你用电子设备记录，看起来却像在玩手机、回消息。

技巧四，在做笔记时，要认真做好记录，力求全面而准确。老师们的科研经验丰富，在研究生论文评价中很少会出现严重误判的问题。

技巧五，回答问题时，心态应该尽量开放、包容、谦虚，“有则改之，无则加勉”。毕竟如果你有保留意见，可以在会后和导师讨论或者继续和提出问题的老师沟通。这样师生才能一起向着同一个目标前进。这个目标是尽可能帮助你提高论文质量，避免将来的隐患。

有的同学觉得，答辩秘书才是负责记录老师们提出的问题的人。既然已经有他记录了，自己就不需要记录了，只要听着就好。这就有些草率了。别忘了，你才是那个需要对自己毕业负责任的人。答辩秘书漏记了一条，对他来说后果不会太严重，但是你没有及时记录和修改就提交了论文，那将来毕业论文抽检遇到问题，吃亏的还是你自己。

在记录时，你需要关注老师们提出了什么样的问题，并恰当应对。如果有需要向你求证的流程或细节，实事求是作答就好；如果老师们直接指出问题而不需要你进行回应，直接记下来就好。答辩表现的成绩和你质疑并反驳老师的次数，并非成正相关。

小 结

论文答辩并不难，重要的是摆正心态，正确认识答辩的作用和价值。在具体操作上，我总结了以下 5 个答辩技巧。

- **PPT 不要做得太长，要使重点突出。**
- **讲的时候也应该抓住重点，不要逐字逐句地念。**
- **拿着笔记本和笔上去，做好充足的准备。**
- **要认真做好记录，力求全面而准确。**
- **回答问题时，心态应该尽量开放、包容、谦虚。**

预祝你论文答辩一切顺利！

寄语篇

—学—术—写—作—五—步—法—

如何从零完成高质量论文

不要成为“野生”研究生

不知不觉，我们已经来到本书的末尾。

这里我给你写了一篇寄语，是因为有些话要放在前文，总是找不到合适的位置或无法展开，但是对于你，一个初窥科研门径的青年学生，这部分内容是有意义的，不能忽略。

这部分我要表达的中心思想是，千万不要成为“野生”研究生。

这些年我在网上写了一系列关于科研入门的文章，在留言区总会有读者跟我提问，其中很多的问题激发了我的思考，但有些问题颇让我哭笑不得。

例如有的学生一上来就问：“王老师，我是一个 ×× 专业的研究生，我想选这样一个题目，您能不能帮我提提意见？”然后不由分说，开始跟我叙述细节。

咱们先搁置礼貌问题和“提问的智慧”不讲。就算我求学时转过专业，也无非是从计算机切换到了信息管理，所以我真的不懂水利 / 机械 / 航天 / 养殖这些学科。我怎么可能帮你评估你的选题是否合适，甚至给你提出有建设性的修改建议呢？对于这些同学的行为，我只能总结成“病急乱投医”。我对他们的做法不以为然，但是对他们的境遇深表同情。

每个研究生按道理都应该有自己的导师，有的学校给研究生配置的导师还不止一个。这些专业问题原本都可以和导师一起商量探讨，学生也就没有必要跑到网上抓住一个不认识的老师匆忙提问，但有些学生往往因为种种原因，无法和导师沟通，甚至都不怎么联系导师，所以我称他们为“野生”研究生。

这里的“种种”原因，咱们挑出两种重要的讨论一下。

第一种也是最为常见的原因，那就是学生入学不久后就开始“躺平”了。选导师时，有些学生跟导师信誓旦旦，把自己未来几年的规划描述得如同一场远征。但是导师签字同意接收后，学生就转变了工作和学习态度，“远征”随即变成“休整”。导师如果不主动联系，学生绝对不会找导师探讨任何问题；甚至有的导师试图联系学生，却发现找不到人，学生连电话号码换了都不说一声。这些同学“躺平”的原因很多，其中重要的一项是追求学位的“性价比”。这部分同学的内心独白是：“我就想拿个学位证，将其作为事业上升的敲门砖和垫脚石。我对这个专业的研究毫无兴趣，有时间我宁可出去兼职赚钱或者看剧、打游戏。在毕业要求的硬性条件之外，谁也别拿闲事来烦我。”你坚定了这种态度，导师又能怎么办呢？刚开始导师可能还会点拨和劝导，但久而久之，你也就会得偿所愿，“成功”转变成“野生”研究生了。

第二种是恰恰相反的情况。学生自动自发，总想找导师请教讨论，但是发现根本找不到导师。在我讲科研入门系列的文章和视频的评论区，经常可以看到学生愤怒吐槽：“野不野生是我能决定的吗”“导师电话打不通”“导师不回复我的留言”“导师跳槽了”“导师人间蒸发了”……留言不是实名的，也没有留下具体的信息，没有人能核实其真实性。但是同学，如果你的导师确实很久联系不上了，你总不能装成没事人一样吧？你不担心他的安危吗？至少应该登个寻人启事吧？

学生被动“野生”的情况确实存在。我有个朋友曾经写过文章讲他读博时的遭遇。我这朋友读到博士二年级时在楼道里遇到导师都要做自我介绍，因为如果不做自我介绍的话，导师压根不认得他是谁——这位导师招的博士生太多了，平时学生顶多见到小导师，而这位大导师，很长时间学生连面都见不到。

对于这样的情况，我确实替你感到惋惜，但这不是不可避免的。我在入门篇讲如何跟导师联系时，着重提到过导师和学生的匹配度非常重要，而怎样才能了解师生匹配度？这就需要你提前做好功课。例如，在联系某位导师前，应该和他的学生们沟通和请教一下，问问导师和科研团队的具体情况，再做出决策。如果你觉得到研究生二年级还见不到导师的面很难接受，那从一开始就不要联系这类导师，以免将来大家都不愉快。

说完原因，咱们聊聊当“野生”研究生的危害是什么。我觉得最主要的问题是，你错失了成长的机会。研究生的训练，上课和写毕业论文固然是其中不可或缺的一部分，读本书补充科研入门基础知识也很重要，但是这些都代替不了导师的言传身教。

我想跟你聊聊自己读硕士研究生时的情况。我读硕士研究生时跟导师联系得非常紧密，从中受益良多。那个时候我在计算机系，导师当时承担的科研项目是互联网络底层协议改进研究。我们当时的研究方法主要分为理论模型构建、仿真和实验。

理论研究就不说了，比如大量的数学公式推导，那主要是博士研究生负责干的事。我们这些硕士研究生主要做仿真和实验，顺序是先在仿真工具上跑出结果，然后做实验加以对比。实验我们爱做，方法是一帮同学每人端着一台笔记本电脑在校园里到处乱跑，通过软件记录和分析网络吞吐量与连接稳定性等数据。相对于实验，仿真就显得比较困难和枯燥了。

那个时候计算机的计算效率没有现在高，平均做一次仿真大概要花 10 分钟。不过仿真不能单做一次，要考虑随机性的影响，还要考虑不同初始设定带来的变化。你需要设定不同的初始参数，对每一种情况还要加上随机性因素多次运行。这样一来，每个场景至少需要做几十上百次仿真。这样获得的数据才有统计意义和说服力。

但是当时的网络仿真软件并不够智能，跟后来通用的 Netlogo 比起来易用性差远了。这款仿真工具提供的人机交互界面比较简陋。你虽然可以调整参数，但是调整一次就要手动按一下运行。一次仿真运行完了，才能去设定下一个参数值。前面提到了，每一次运行耗时 10 分钟，这段时间里你只能干等着。时间说长吧，不够你安排其他事项；说短吧，也让人等得很不耐烦。实验室的同学们普遍练就了左手调参数，右手抱着书看的习惯。这项工作重复且枯燥，总有时候你一不留神就把参数值弄错了，例如忘了增加步长，结果还要返工重新运行，不过大伙儿干久了也就习以为常了。

我一开始也这么干，但是很快就觉得不对劲了，这不成了“人伺候机器”吗？说好的计算机替人做简单枯燥的事情，人做高级的事情，怎么会变成这样呢？于是我就找导师聊，说这么做仿真效率太低了。导师听完，告诉我可以试试编制脚本编程。他在欧洲原子能中心访学时，看那边的工程师总爱这么干。但是我们实验室买的这款仿真软件比较新，具体怎么用脚本操作他也不知道，他鼓励我自己探索一下。

我一下子来了精神，跑到图书馆找 Linux 脚本编程的书籍，还顺藤摸瓜查阅 awk 和 perl 的官方帮助文档和教程。至于这款仿真工具该怎么和脚本结合起来，我搜索不到解决方案，于是直接给开发商发了邮件询问相关情况，还顺便练习了一下英文写作。

几天以后，一番跌跌撞撞地尝试下来，我的脚本终于可以正常运行了。小规模试验后，我把参数范围扩大，然后很激动地按下了回车键，这样机器就开始干活了。因为仿真程序对 CPU 等资源占用很高，我的台式计算机风扇一直在转，根据以往手动运行的经验，这项工作一时半会儿肯定结束不了。计算机替我干枯燥的活，我呢？踏踏实实去看书了。

仿真程序结束运行时，脚本自动调用服务，给我发了封提醒邮件。我看了一下记录，仿真不间断地运行了 25 小时！原本需要手动折腾四五天还总会出错的工作，现在竟然全自动完成了，而且避免了很多粗心带来的低级错误。况且，这种自动化脚本具有可扩展性，以后即便需要测试更多参数值或者运行更多轮次，也只需要在脚本里面改几个设定就好。经验证，结果都没问题。我获得了特别强的成就感，赶紧兴奋地跟导师汇报。导师也特别高兴，但没忘了嘱咐我，抓紧把实现过程记录下来，回头放到实验室内部的网站上，让新来的学生学习。

于是我开始整理图文记录，发现这次自动化脚本运行尝试下来，我收获的东西真的特别多，许多遇到的问题都可以总结出很多经验。这次实验成果与经验总结令我对后续的科研工作也有了更强的信心和兴趣。一个附带的收获是，我从此养成了认真记录实验过程和工具使用经验的习惯，这为我日后写一系列的技术类博文打下了扎实的基础。

上面说的是科研上的收益。跟导师紧密联系，我还有教学方面的收益。

我上研二时就开始给导师当助教了。我的导师上课特别吸引人，他不喜欢站在讲台后面干讲，而是爱四处走动，和学生问答互动。如今这样做并不难，因为有个叫翻页器的设备，你只需把接收器插在计算机上，轻轻一按手里的设备，PPT 就往后翻页了，但是当时这东西还未普及，所以导师安排我坐在计算机后面帮他翻页。这样他在上课时就有了更大的自由度。

某些同学可能非常反感这种工作安排，他们会觉得作为一名硕士研究生，就算当助教，难道不应该在辅导答疑这些方面体现自我价值吗？坐在角落里翻 PPT，这种活谁会稀罕干？

但是我不这么想，我很喜欢听导师讲课，帮他翻 PPT，就多了近距离观察导师授课的机会。我主要观察他是怎么把来源丰富的材料系统地组织起来，如何用更好理解、更受学生欢迎的方式表达出来的。

其实翻 PPT 这件事看着琐碎，但是要准确判断该在什么地方翻页，也是有讲究的。你要体察导师对讲解内容的详略分配，否则可能你觉得这一部分讲完了，把这一页翻过去，导师还要让你再翻回来。经过那一年的锻炼，我获得了很重要的反馈，那就是在使用 PPT 讲课时，“气口”究竟该如何掌握，怎么控制节奏。因为我做这项工作做得得心应手，导师出去做讲座、做报告也总带着我一起参加。于是我有了更多机会观察导师在不同的场合面对不同规模、不同层级的受众，怎样把大致相似的主题讲解出不同的宽度与深度；如何掌控场面才能让听众持续地被吸引而不觉得困倦乏味。尽管我当时还没有将来做教师的打算，但这些教学上的训练对我后来的大学教师工作实在是有太多的帮助。

从我个人与导师相处的经历不难看出，研究生通过与导师紧密联系可以获得的收益是巨大的。反之，如果一味“理性”追求读研的“性价比”或者选导师时不慎重，没有花时间做好充分的调研，结果当了“野生”研究生，你就会与这些宝贵的机会和难得的训练提升失之交臂。现在你应该能感受到，这些都是很高的机会成本。

再次强调一下，我写这本书并不是要替代你的导师对你的谆谆教诲，而是希望帮助你补充许多默知默会的入门知识，让你更快、更好地融入科研团队，跟导师更为默契和愉快地合作。从今天开始，主动和导师多沟通求教吧！

祝科研工作顺利愉快！